纤维及纺织品可持续发展与创新丛书　　Springer

Sustainable Innovations in
Textile Fibres

纤维
可持续发展与创新

【印】萨勃拉曼尼亚·森西卡纳·穆图◎编著
Subramanian Senthilkannan Muthu

阎若思◎译

中国纺织出版社有限公司

内 容 提 要

本书主要介绍了可持续纺织纤维、再生可持续纤维及秋葵茎纤维的制备、性能、应用及创新性研究进展。

本书可供纺织、材料、化工、环境等相关专业的科研人员、工程技术人员、管理人员及院校相关专业的师生阅读，对于研发适应时代需要的纤维及纺织品具有指导和借鉴作用。

First published in English under the title
Sustainable Innovations in Textile Fibres
edited by Subramanian Senthilkannan Muthu
Copyright © Springer Nature Singapore Pte Ltd., 2018
This edition has been translated and published under licence from
Springer Nature Singapore Pte Ltd.

本书中文简体版经 Springer Nature Singapore Pte Ltd. 授权，由中国纺织出版社有限公司独家出版发行。本书内容未经出版者书面许可，不得以任何方式或手段复制、转载或刊登。

著作权合同登记号：图字：01-2020-5181

图书在版编目（CIP）数据

纤维可持续发展与创新/（印）萨勃拉曼尼亚·森西卡纳·穆图编著；阎若思译. --北京：中国纺织出版社有限公司，2022.1

（纤维及纺织品可持续发展与创新丛书）

书名原文：Sustainable Innovations in Textile Fibres

ISBN 978-7-5180-8806-5

Ⅰ.①纤… Ⅱ.①萨… ②阎… Ⅲ.①纺织纤维—纺织工业—可持续性发展—研究—世界 Ⅳ.①F416.81

中国版本图书馆 CIP 数据核字（2021）第 168492 号

责任编辑：范雨昕 孔会云 责任校对：王蕙莹 责任印制：何 建

中国纺织出版社有限公司出版发行
地址：北京市朝阳区百子湾东里 A407 号楼 邮政编码：100124
销售电话：010—67004422 传真：010—87155801
http://www.c-textilep.com
中国纺织出版社天猫旗舰店
官方微博 http://weibo.com/2119887771
北京新华印刷有限公司印刷 各地新华书店经销
2022 年 1 月第 1 版第 1 次印刷
开本：710×1000 1/16 印张：5.75
字数：92 千字 定价：128.00 元

目　录

第1章　可持续纺织纤维

S. Grace Annapoorani

摘要：随着当今世界材料数量日益增加以及人们的生态意识日益增强，织物相关产品、微纳颗粒和纤维产品更倾向于使用各种生态友好型材料生产。材料是人类最基本的物质需求。生态效应贯穿材料整个生命周期的各个阶段。常见的纤维通常是从植物和动物身上提取的、具有可延展性的材料，可以纺制成纱线和绳索。与农耕一样，纺织品自古以来就是人类生活的主要组成部分。在印度，纤维生产商研发水平的欠缺促使科学家研发新型天然友好型纤维及其制品。生态时尚理念旨在创造出从生产到废弃的整个生命周期中的每个阶段都具有可持续性的服装，而天然纤维就是实现生态时尚行动的核心。因天然纤维自身具有良好的力学性能、质量轻以及有益健康等特点，而深受人们欢迎。理论上，生态材料可以用于增强力学性能，还可以作为复合材料的增强体。由于生态纤维的生产不使用除草剂和杀虫剂，既符合应用要求，又无须对纱线进行大规模的表面处理，所以通常天然生态纤维制成的成衣售价更高。这些原因都让天然生态纤维的价格变得更加昂贵。尽管如此，当人们穿着天然生态纤维服装时所带来的舒适和迷人感，可以忽略昂贵的价位。不含任何化学试剂的生态纤维纺织品适合人们穿着。因此，为了保持我们所居住的地球清洁，尽可能降低全球变暖影响，使用生态纤维和有机纤维是最好的解决方案之一。纺织品的应用和废弃处理过程应该更有利于环境的可持续发展，最大限度地降低对人类和环境的危害。

关键词：天然纤维；有机生态纤维；生态友好；可持续生态友好型纤维

1.1　引言

人类有三项基本需求：食物、服装和住所。全球纤维和纺织业的体量无疑是巨大的，因为纺织业满足了人类对服装的基本需求条件。每个人都需要各种能够给人留下深刻印象的流行服饰。然而不幸的是，人类所追求的时尚绚丽服饰，却导致了对自然的破坏。纺织业是世界上排放污染物最多的行业之一。据统计显示，纺织废弃材料大约占全部填埋垃圾的 5%。另外，纺织品整理和染色造成的水污染占全部淡水污染的 20%。

全球纺织工业排放的有毒物质正在持续对自然环境造成难以估量的危害。从长远来看，有毒物质会污染土壤，导致土壤贫瘠并失去利用价值。资料表明，棉花中残留了大量不安全农药和肥料。纺织工业每天会消耗大量的水，污染问题并不在于工业用水的使用效率，而在于在废水没有经过过滤处理去除污染物就被排入水体中。

纺织工业的废水排放是极为令人担忧的问题。随废水排放有毒物质的量巨大，并且包括多种有毒化学品，例如甲醛（HCHO）、氯化物和大量的金属离子。废水被排入水体，逐渐流动到更远的区域，之后被众多人饮用以及用于日常生活。

纺织工业引发的空气污染同样值得关注。锅炉、管道、柴油发电机等机械设备产生的有害气体被排放到空气中。有害气体中的污染物包括悬浮颗粒物（SPM）、二氧化硫、氮氧化物气体等。有害气体排入大气环境中，对附近所有区域民生都将会产生不利影响。

目前，减少纺织工业的污染排放问题已成为头等要事。纺织工业及其原料供应加工厂商均会产生对空气、水体和土地的污染，对地球安全造成极大威胁。纺织工业污染危及人类和各种物种的生命安全，工业排放的有毒物质直接导致有害的大气环境，还可能会造成长期接触污染物人员引发疾病感染和健康问题。

天然纤维的应用有助于减少纺织工业污染物的排放。由于种植棉花需要使用高剂量的杀虫剂和肥料，所以有机棉的价格就更为昂贵。另外，纺织车间产生的废料应该先进行净化处理、去除有毒物质，再进行排放，在可持续发展策略的基础上进行研发和生产。生态学（ecology），是研究生物与环境之间的相互关系的科学。"生态友好"是指对地球造成的伤害极小或无伤害的产品和服务。

1.2 印度纺织工业概览

印度是世界上第二大纺织材料生产国。棉花、羊毛、蚕丝和黄麻等纺织原材料丰富易得，促使印度成为世界纺织原料采购中心。

　　纺织工业为印度国民经济提供了重要保障，直接或间接影响工人工作年限以及控制贸易利润。纺织工业为印度 4500 多万人提供了工作岗位，是仅次于农业的第二大就业行业。因此，纺织工业的发展与进步直接关系到印度经济的发展。

　　受到国内民用和对外贸易需求带动的影响，印度纺织产业的发展十分稳健。纺织产业发展的关键因素取决于各种纤维和纱线的稳固生产基础，包括天然纤维如棉花、黄麻、蚕丝和羊毛以及化学纤维，如涤纶、锦纶和腈纶等。

　　促进印度纺织产业发展的因素主要有以下几点：

1.2.1　原材料基地

　　印度在原材料，特别是天然纤维原料方面有很高的独立性，是世界第三大原棉生产国，可以为印度纺织行业提供并制备各种类别的纤维。

1.2.2　劳动力

　　廉价的劳动力和坚实的创业能力一直是印度纺织产业良好发展的基础。

1.2.3　灵活性和适应性

　　纺织行业特别是服装行业普遍实行小批量生产，良好的灵活性和适应性有利于应对小批量和定制需求的订单。

1.2.4　文化底蕴

　　社会文化多样性和丰富的民族文化遗产为纺织生产商提供了巨大的动力基础。

1.3　纺织品生产与环境影响

　　纺织品原材料的种植，包括亚麻、大麻和棉花等作物，均需要大量灌溉。棉花是一种需水量很大的作物。为了确保棉花的产量，种植过程还需要额外使用大量杀虫剂和除草剂，这些杀虫剂和除草剂最终都会被排入自然。棉花生长还需要持续提高农药强度，几乎是世界上使用农药最多的作物之一，因此对自然破坏有不可推卸的责任。

不同类型纤维的制备和生产还需要大量专用的自然资源。黏胶纤维是一种用木浆粕生产的人造棉纤维，黏胶纤维规模性生产已经导致了大量原始森林的消失。而且，木浆粕转变为织物的过程中需使用危险化学品处理，这些化学品最终也会被排入大自然中。

目前，锦纶和涤纶是最常用于织物生产的化学纤维之一。这些化学纤维纺织品是从石油化工产品和石油衍生物中提取的，生产过程中需要耗费大量的水和能源。锦纶制备过程中所产生的有害气体还会破坏我们赖以生存的大气环境。更重要的是，这些化学纤维是不可生物降解的，这意味着由锦纶制成的织物需要很长时间才能分解。

纺织品染色、印花和洗涤等后处理工序需要大量的水。这些工序会使用盐、表面活性剂等帮助染料渗入织物，还应用一些化学试剂，如清洗剂来改善纤维表面动态性质。因清洗剂无法分解，在纺织品整理之后会残留在水体中。另外，染色和印花工序还包含有毒的化学物质，如铅、汞和砷。

纺织工业作为世界上污染最严重的行业之一，一直以来饱受争议。通常织物在制造过程中使用的化学物质会产生残留，这些残留的化学品会挥发到空气中被人体吸入，或者渗入皮肤。有些化学物质还具有致癌性，可能在婴儿出生前就已经对他们造成了伤害；还有些化学物质会对少数人产生过敏反应。棉花是世界第二大农作物，全球所有消耗的杀虫剂中有20%用于棉花种植。大部分棉花需要大量的水来灌溉，有害化学物质通过化学载体，例如杀虫剂和肥料，与水系统混合，是其进入全世界范围地下水中流通的直接渠道。

天然纤维和合成纤维是常用于纺织品生产的两大类基本纤维。天然纤维的特性是生物可降解并且对地球环境友好，纤维处理过程无须使用化学试剂。由于有机种植过程具有自然性和随机性，会产生很多不能满足应用要求的纤维，价值效益过低，因此有机种植比工业种植的成本更高。

完整的纺织工业包括从最初纤维加工到最后成衣等多道工序。在纺纱、织造和后整理工序均会产生大量危害环境的不安全废弃物。

1.3.1 环境影响

纺织工业会对环境造成各种形式的污染。从自然角度来看，纺织生产会影响空气、水、土地和人身健康安全；从社会角度来看，会影响到儿童成长环境和有害的工作条件。最近，我们提出了一种将地球环境可降解性作为纺织工业对环境影响的评估方法，包括禁止使用已知潜在致癌的偶氮染料以及不安全的化学物质（如甲醛）和金属，这些内容将在后文详细叙述。尽管整个纺织生产链中均存在对自然的危害（图 1.1），纺织后整理的危害性最为严重。在纺织后整理浆料中添加应用大量的化学物质，以满足客户对手感、赋予织物有吸引力的性能等方面的要求。其中染料和专用试剂等化学物质大量残留在处理用水中，造成空气和水污染。纺织品后整理工序中的干燥过程和聚合过程也会造成空气污染。大量危害健康的染料和化学物质还会残留在成衣上。关于健康损害实例报告中增加了"含化学危害纺织品"标识，能够在极大限度上促进对纺织品生产国的总体评价。棉织物湿处理的常用工艺分析如图 1.1 所示。

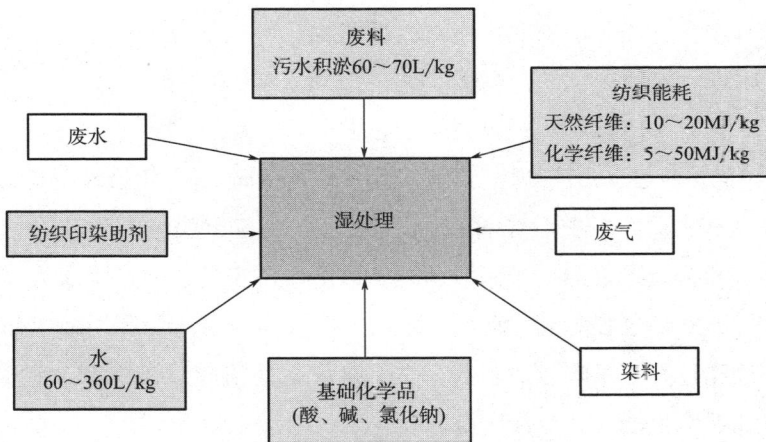

图 1.1　纺织品湿处理工艺

图片来源 http：//fashionarun. page. tl/ECO-FRIENDLY-TEXTILES. Html.

印度在法律体系中明确提出了国家环境安全和变化条款，各项生态环境的制度和环境变化的控制管理均会迅速留下记录。虽然纺织行业还没有专门的法律规范，但建立和运营现代化纺织企业，均需要遵守行业规则。印度纺织工业在环保方面的管理部门包括：环境与森林部（MoEF），中央污染控制委员会（CPCB）和国家污染控制委员会（SPCB），所有关于环境污染与保护的要求均由国家污染控制委员会执行。纺织工业的污染类型如图 1.2 所示。

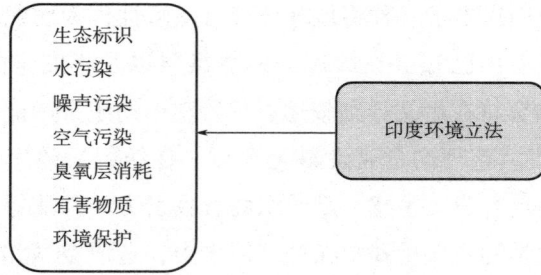

图 1.2　污染类型

图片来源 www.environmentalpollution.in.

1.3.2　环境保护相关法律和规章

印度的环境保护相关法律和规章有以下两款：

（1）《环境（保护）法》，1986 年颁布。

（2）《环境（保护）条例》，1986 年颁布。

《环境（保护）法》用于规范"解决环境安全和环境变化及相关问题"，规定了"水、空气和生命"的共存条件以及"水、空气和土壤、人和动物、植物、微生物存在形式和特征"之间的关系。另外，该法律还定义了危险状态为：任何因化学或物理性质或处理过程对人、动物、植物、微生物、财产及环境造成伤害的状态或变化。该法律具有国家政府强制性，"采取强制性措施以确保和改善自然环境，预测、控制和消除生态污染的最终目标"。

《环境（保护）法》要求所有企业必须具备预防污染、控制污染和污染对策计划（SPCC），该规定自 1993 年起实施环境审查，审查报告将提交给国家污染控制委员会（SPCB），并明确了违反条款可能面临长达 7 年的有期徒刑或者 100000 卢比（折合 2500 欧元）的罚款。

1.3.3　生态标识

为了提高消费者的环保意识，印度自 1991 年起推行"Eco mark"生态标识计划，对符合环保要求的产品标记简单标识。将纺织品纳入"生态标识"计划将为国内企业带来新的竞争，因为无论哪家企业获得标签授权，都将参与竞争国内纺织市场。

环境友好型产品是指在使用过程中或丢弃后对环境危害很小的产品。不同环境友好型产品的基本成分由原材料决定,凡是经过生态标识计划认定的产品都具有环境友好性。制造商需要符合"生态标识"计划指南中规定的各项条款才能达到环境友好型产品的要求。"生态标识"计划标准采取"从始至终"原则,即从原料提取、生产到销售均需符合生态要求。"生态标识"会授予符合"生态标识"计划标准以及印度产品质量强制性标准的商品。凡是带有"生态标识"的产品将成为环保优选产品。

"生态标识"计划实施的目标有以下几点:

(1) 促进生产商和销售商生产具有环保效应的产品。

(2) 对实际采取环保行动的相关厂商给予补贴,以减少产品环境不友好影响。

(3) 通过提供数据来评价购买商品的生态系数,帮助消费者保持环保的日常生活习惯。

(4) 鼓励消费者购买对自然危害较小的产品。

(5) 最终提升全球环保水平,实现自然资源的可持续化管理。

1.3.4　欧盟环境标准的影响

世界各国对纺织服装产业的生态管理和指导方针甚为关注。一些国家已经开始调整和修改法律法规,还有国家正在对管理规范进行研究。欧盟国家通常会根据国家需要,较早出台生态环保法令。最经典的案例之一是 1994 年德国出台法令禁止使用偶氮染料,并启用生态标签模式来评价纺织品,例如"Eco-Tex"表示生态纺织品。此类生态模式及强制性要求对全球纺织品贸易的影响各有利弊。

德国的"偶氮染料"禁用令对印度纺织品出口市场产生了极大影响。印度的纺织服装市场中,使用偶氮染料的商品占市场总额的38%,包括棉质服装和布料、丝质服装和布料、地毯、毛毯和一些化学制品。受德国新政策影响,印度已经做出有效反应,采取合理方法并调整生产力以适应新市场规则。

1.4　生态友好型纺织品

消费者所购买的每件产品都会对环境产生影响。然而,普通消费者并不知道哪一件产品影响大,哪一件产品影响小。产品在生产、应用或者丢弃后通过一些技术手段能够降低对环境的破坏，即可视为生态友好型产品。在印度，消费者正促使制造商逐步应用先进的环保技术，生产出生态友好型产品。

大部分服装是使用涤纶、锦纶或莱卡生产的。这些纤维材料价格便宜且易于护理，通过纺织生产工序制备形成纺织品。然而，这些产品的生产会造成环境污染，并且很难循环利用（例如，锦纶降解需要 30~40 年）。虽然纺织和服装是两个不同的工业流程，但两者使用的原材料和生产工序都很烦琐。一件纺织产品的完成通常需要经过六七道生产工序，每道工序或多或少都会对环境产生负面影响。纺纱、织造和其他制备工序会污染空气。染色和印花工序会消耗大量水和化学品，还会把各种不稳定的化学品排放到空气中，损害人们的身体健康。

如今，人们常将"生态友好"与其他形容词，例如"自然友好型""自然友好""绿色"等作为同义词提及，然而这些词语的真正含义尚存在一些区别。"生态友好"最直接的含义指对自然有益，或至少不会造成环境伤害的产品。

1.4.1　生态纺织品的发展需求

生态纺织品的发展需要主要有以下两点：

（1）需要注重纺织品的生态可管理性，促进销售过程可持续发展。

（2）需要了解社会、经济和生态环境的优势等具有可行性的纺织品推进形式。

1.4.2　可持续纤维

许多人认为"可持续纤维"是指天然纤维，或者是具有天然纤维特性的纤维。而不包括任何化学纤维，因为他们认为化学纤维会损害环境。化学纤维与天然纤维消耗的能源不同，主要在于天然纤维的生产过程中利用水和能源的情况不同，因此一些化学纤维的价格可能比天然纤维更便宜。与天然纤维不同，化学纤维在生产过程中常使用不安全的化学品，这些化学品会污染环境，每年造成数千计的生命死亡。天然纤维的生长过程耗水量大，常导致其他农作物无法灌溉清洁水源，还可能破坏周围土壤，使其失去养分。

生态友好型纺织品是指不经过任何农药或化学品处理的纤维所生产的纺织品。纺织品的形状和构成没有特定限制，纤维材料本身没有毒性。

化学纤维产业长期探索产品可持续发展途径。自 1992 年以来，许多国家已经采取由化学纤维制造商提供支持的可持续发展策略。化学纤维的可持续发展性考虑和其他产品一样，包括对生态资源、原材料和其他各种资源的利用情况以及废渣、废水和废气的排放情况。还需要注意的是纺织品在使用、物流和循环再利用阶段对生态的影响情况。化学纤维可持续性的提升，是提高其生态、经济和社会效益可持续性的根本条件。

1.4.3　发展有机及生态友好型纤维的必要性

1.4.3.1　社会责任

尽管化学品和杀虫剂可以达到人类某些应用需求，但会污染饮用水、地下水和毒害鱼类。天然纤维和生态纤维是在没有杀虫剂和化肥的条件下生产出来的，安全环保。

1.4.3.2　生物降解

生态纺织品和天然纤维织物在废弃后经过一定时间可生物降解，而合成纤维在废弃后的降解过程需要很长时间，同时还会释放出有害污染物。

1.4.3.3　健康服用

由于各种原因，许多人不喜欢穿着合成纤维质地的服装。生态纤维织物则是一种新型透气纤维，具有很多优良的性能，例如柔软的手感和贴合性，贴身穿着感觉良好。

1.4.3.4　低致敏性

合成纤维面料在处理过程中所使用的化学品不仅会污染地下水，服用过程中还会侵害皮肤渗入人体。而有机生态纤维一般不含致敏性化学物质，大部分有机生态纤维具有低致敏性和抗菌性。

1.4.3.5　流行普及

有机纺织品的出现时间还不长，但天然和生态友好型纺织品的逐渐普及体现了一种人类观念的进步。选择生态有机纺织品将成为一种流行标准。

动物纤维、植物纤维和矿物纤维等天然纤维可以用于制备或非织造布的结构，例如毛毡和纸；也可以纺纱生产机织物。纤维是一种长度尺寸远大于直径尺寸的细丝状单体集合。尽管自然中存在大量有韧性的纤维，特别是纤维素纤维，例如棉花、木材、谷物和稻草，但只有少量的纤维可以用于纺织产品或其他机械用途。除了成本，纤维长度、强力、延展性、柔韧性、表面结构、持久性和其他表面性质都决定了纤维在商业产品中的应用价值。大部分纤维是纤细、柔韧的材料。纤维的延展性很强，在外力作用下会延伸；当外力去除时，纤维会基本或完全恢复到其原始长度。

在有文献记载的时期之前，人们就已经开始使用天然纤维作为纺织材料了。最早发现的有瑞士湖人类聚集地中心出土的公元前 7～前 6 世纪的亚麻和羊毛织物。在古代，人们使用植物纤维生产纺织品，其中麻纤维显然是应用较为成熟的植物纤维。中国应用麻纤维生产纺织品的历史，文献记载可追溯到公元前 4500 年。公元前 3400 年，埃及有了纺纱织布的技术。说明在此之前，麻纤维就已经得到发展和应用。关于印度棉纺技术的记录可以追溯到公元前 3000 年。

随着交通和通信的发展，纺织产品以其独特的性能和织造方法传播到各个国家，并根据不同国家和地区的应用需求和生产能力进行调整。在其发展过程中还发现了更多提取新型纤维的植物，并对其应用进行研究。在 18～19 世纪的 100 多年中，工业革命对纤维制备工艺及其加工生产的机械设备发展起到了促进的作用，掀起了纤维生产的热潮。这段时间的主要成果表现在，基于纤维素纤维分解、净化而再生产的再生纤维素纤维，如人造丝；基于新型工业技术的合成纤维，如锦纶；基于强大工业测试系统对纤维基本性能和力学性能进行表征。合成纤维凭借其独特性能逐渐取代常规纤维市场。当认识到合成纤维带来的重要危害后，人们开始重点研究具有出色性能的新型再生纤维如何提高产量、提升性能和制备工艺以及纱线和织物的改性。这些重要的技术升级使得再生纤维的产量提升、成本降低、生产用时更短。

1.4.4　生态纺织纤维的相关应用企业

生态纺织纤维的相关应用企业如下：

（1）时尚服装企业；

（2）装饰类纺织企业；

（3）卫生保健企业；

（4）包装企业，"生态包装"是重要发展方向；

（5）蓬勃发展的回收企业，为农村创造就业机会；

（6）医疗纺织企业，提供更多生态发展机会。

1.5　生态友好型纤维的优势

生态友好型纤维具有如下优势：

（1）生态友好型纤维可以保持人体凉爽，因此在炎热潮湿环境地区很受欢迎。

（2）生态友好型纤维具有生物可降解性，不会对环境造成负面影响。

（3）生态友好型纤维没有固定的形态，不受纺丝模具影响，也不会携带病菌。

（4）生态友好型纤维不含农药和化学品。

（5）大部分生态友好型纤维具有抗菌、亲肤和一定的保健功效。

（6）合成纤维和复合纺织品会引发某些皮肤疾病，但生态友好型纤维可以有效减少皮肤病的发生。

有的纤维没有使用有害的化学品和杀虫剂，对人体健康有益，却不利于环境保护。不是所有的普通植物纤维都属于生态友好型纤维。例如，棉花在种植过程中必须大量使用不安全的杀虫剂或农药，所以棉花不属于生态友好型纤维。同样，在后整理等纺织品加工处理工序中使用的化学品也会破坏纤维的生态友好特性。尽管如此，不使用杀虫剂的生态友好型产品将是自然的发展趋势；那些不使用化学品，而是通过机械或者其他手段处理的纺织品即可称为生态友好型纺织品。动物纤维也是如此，比如绵羊需要使用杀虫剂，动物感染疾病时还需要使用对生态有害的药物来进行治疗，但是这种通过杀虫剂和化学药物而产出的天然羊毛不能属于生态友好型纤维。

化学纤维中也存在一些生态友好型纤维，主要包括两种类型——再生蛋白质纤维和再生纤维素纤维。再生蛋白质纤维是从植物中提取蛋白质，如玉米、大豆、去壳坚果等，或从动物产品，如干酪素中提取蛋白质而生产的纤维。再生纤维素纤维是从木浆或树叶中提取纤维素而生产的纤维，例如黏胶纤维。这些纤维都是通过环保工艺制备而成，完全可以归为生态友好型纤维。

1.6　生态友好型纤维的分类

生态友好型纤维的分类如图 1.3 所示。

```
                              纤维
                               │
                            天然纤维
                               │
        ┌──────────────┬───────────────────────────────────┐
     动物纤维        矿物纤维                            纤维素
        │              │                                  纤维
   ┌────┼────┐     ┌────┴────┐                             │
   丝  羊毛纤维  其他      石棉纤维                          │
   │    │     毛纤维                                       │
  柞蚕丝 美利奴   骆马毛                                     │
        羊毛    马毛                                        │
        杂交    羊驼毛                                      │
        型毛    马海毛                                      │
                驼马毛                                      │
                山羊绒                                      │
                骆驼毛                                      │
                兔毛                                        │
        ┌──────┬──────┬──────┬──────┬──────┬──────────────┘
     韧皮纤维  叶纤维  种子纤维 果实纤维 木质纤维  茎纤维      草纤维
        │      │      │      │      │      │            │
     黄麻纤维 剑麻纤维 棉纤维  椰壳纤维 软木纤维 稻草纤维     竹纤维
     亚麻纤维 香蕉纤维 木棉纤维 油棕榈麻 硬木纤维 小麦纤维    甘蔗纤维
     大麻纤维 蕉麻纤维 乳草属  纤维           大麦纤维     玉米纤维
     苎麻纤维 菠萝叶纤维 植物纤维               谷物纤维    龙须草纤维
     洋麻纤维       丝瓜纤维                   燕麦纤维
     洛神葵纤维                               黑麦纤维
```

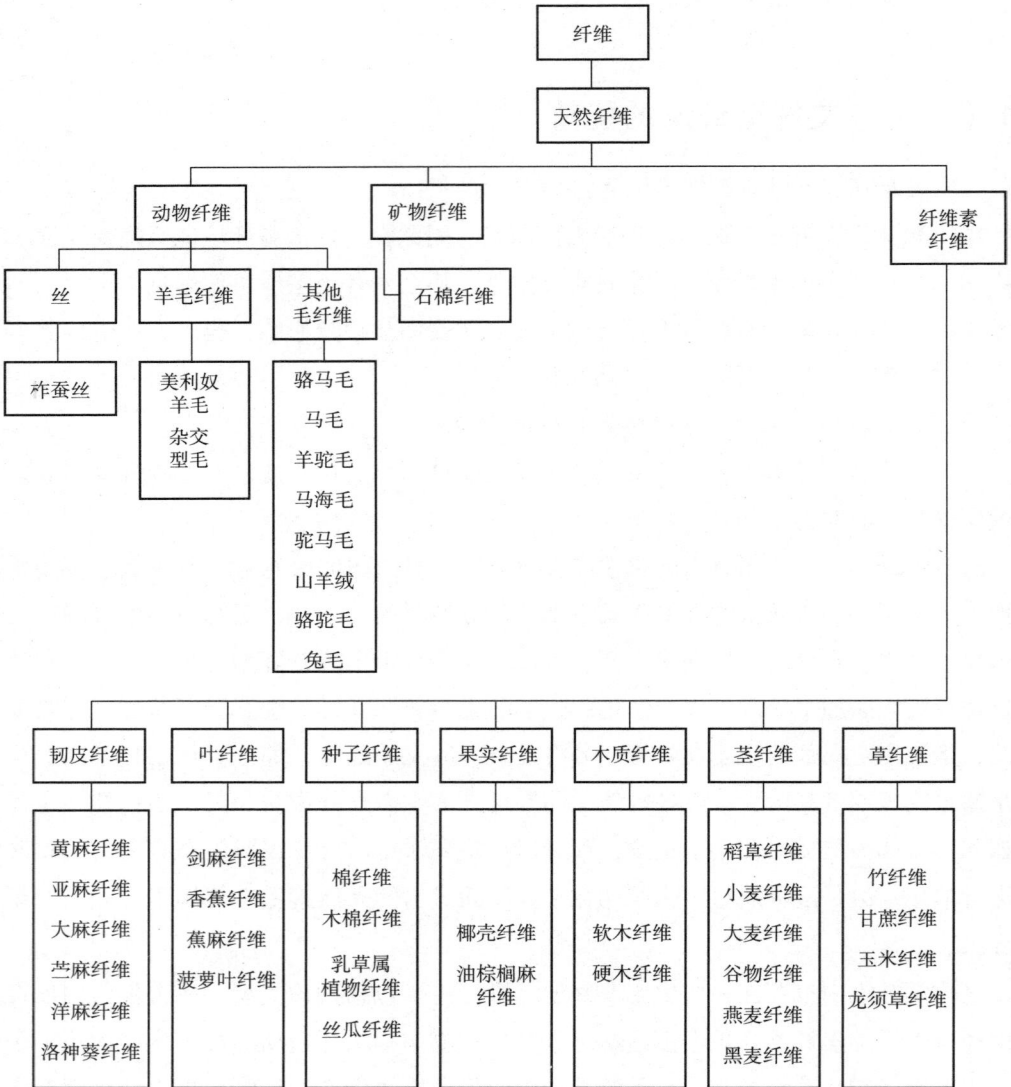

图 1.3　生态友好型纤维的分类

1.6.1　动物纤维

动物纤维通常是由蛋白质组成的常见纤维，例如蚕丝、动物毛发（如羊毛）和习毛。在工业生产和手工纺织中应用最多的动物纤维是羊毛和蚕丝。阿尔帕卡羊驼毛和产自安哥拉山羊的马海毛也应用较多。还有一些特殊动物纤维，例如安哥拉兔毛和安哥拉狗毛，然而这些特殊动物纤维不易单独纺制，仅可与大量其他动物纤维混纺用于工业生产。

不是所有动物纤维性能都相似，即使同种动物的纤维性能也有差异。同为羊毛，美利奴羊毛比较纤细柔软，而科茨沃尔德羊毛比较粗糙。使用仪器观察纤维结构可以看到细微的差异。对于动物纤维以及所有天然纤维来说，每根纤维的结构都是独一无二的，然而化学纤维看起来都是相同的。使用显微镜观察天然纤维和化学纤维结构是最简单的区分方法之一。

1.6.1.1　蚕丝

蚕丝是一种可用于编织纺织品的典型的蛋白质纤维。蚕丝纤维是以丝纤蛋白为基础，熟蚕结茧时所分泌的丝液凝固而成的连续长纤维。蚕丝通常是通过喂养家蚕结茧抽取出来。蚕丝表面富有光泽，这是由于纤维具有三角形横截面的晶体结构，通过从不同角度折射光线产生多种色调。

一些动物可以产生丝，但总体来说只有蛾毛虫生产的丝可以用于生产纺织品。人们对不同种类的丝进行研究，发现这些丝在亚原子水平上有所不同。丝基本上只在虫类进化过程中的孵化阶段产生；然而还有一些爬虫类，例如纺足目类和蟋蟀，一生都会产生丝。此外，能够生产丝的虫类还包括膜翅目（蜜蜂、黄蜂和蚂蚁）、蠹虫、蜉蝣目、缨翅目、叶蝉、金龟子类甲虫、草蛉、蜻类、蝇和摇蚊科等。另外，还有节肢动物也会生产丝，最常见的是八条腿节肢动物，如蜘蛛。

柞蚕丝是由除了养殖桑蚕之外的其他野生蚕生产的，自古在中国、南亚和欧洲的部分地区就有应用。野生柞蚕丝的质量比桑蚕熟茧抽丝的质量差，主要有以下几点原因：第一，两者在色泽和外观上明显呈现不一样的外观；第二，野蚕茧在被发现采摘之前，蛹会长大成为成虫破茧而出，所以柞蚕丝的长度较短；第三，野蚕茧外面包覆了矿物质层，阻碍蚕丝纤维形成长丝。因此，蚕丝产业化尚未发展的地区获取适合用于纺织品的蚕丝最好的方法之一，就是通过枯燥而缓慢的集中查验蚕茧并抽丝。蚕丝产业化从培育蚕蛹开始，蚕繁殖结茧产生没有任何矿物杂质的白色蚕丝纤维。蚕茧需要在蚕蛹成熟之前被放入沸水中或者用针刺破。这是为了促进蚕丝的形成，使蚕茧解开后形成一整根长丝纤维，用于生产机织纺织品。柞蚕丝比桑蚕丝更难染色。柞蚕丝是由附着矿物质层的野生蚕蛾破茧产生的，因此蚕丝色泽明暗不一，特别是在非洲和南美洲等野生蚕蛾繁衍旺盛地区限制了柞蚕丝的产业交易。

通过家养蚕的繁衍培育可以促进生产品质更高的蚕丝。

印度是世界上仅次于中国的第二大蚕丝生产国，也是世界上蚕丝消费大国。在印度南部地区，还保留着参加婚礼和各种吉祥庆祝活动需要穿着丝绸纱丽的习俗。丝绸在印度被认为是皇室的象征，主要供上层阶级使用。

1.6.1.2 毛纤维

毛纤维是从绵羊等各种动物身上提取的可以用于纺织品的纤维，包括山羊绒、马海毛、麝牛毛、安哥拉兔毛以及各种骆驼毛。毛纤维是由蛋白质和一定比例的脂肪构成。

毛织物需要经过大量的染色和后整理工序形成毛纺织品。在各类纺织品交易过程中，销售模式主要由有实力的公司进行整体包销，英国称为"包买制"，德国称为分发加工包销体制。

创新超级水洗羊毛（又称可洗羊毛）最初在20世纪70年代中期出现，羊毛经过特殊处理后，可以使用洗衣机洗涤，也可以用滚筒烘干。超级水洗羊毛是利用具有腐蚀性的洗涤剂来去除毛纤维表面的鳞片，或者在毛纤维表面覆盖一层聚合物来防止鳞片相互接触摩擦而引起收缩。这一处理过程赋予了羊毛纤维用于工程纺织品时增强织物的保型性，延长寿命和增强韧性的特性。

（1）羊驼毛。羊驼毛是从羊驼身上提取的毛纤维。选择羊驼毛质量的轻重，取决于纺纱工艺的要求。羊驼毛是一种细软、高强、滑爽、光泽雍容华贵的天然纤维，有点像羊毛，但更保暖，而且没有刺毛和羊毛脂，因此具有低敏性。羊驼毛通常具有防水性和难燃性。霍加耶是一种纤细柔软羊驼毛，纤维表面具有鳞片，因此可以制备多种适于织造的常用纱线。

（2）安哥拉毛。安哥拉兔毛或安哥拉纤维都是指由安哥拉兔产的兔毛纤维。安哥拉纤维也用于指马海毛，即安哥拉山羊毛，这个名字起源于克什米尔山羊。安哥拉毛因其柔软、纤细和光滑而闻名。由于安哥拉毛纤维呈中空结构，因此比羊毛更保暖、更轻质，赋予了安哥拉毛纤维标志性的轻飘感。

（3）美利奴羊毛。美利奴羊毛已经成为纺织品工业生产中的常用纤维，常用于制作运动和户外服装。羊毛显然是世界上最柔软的纤维，由于绵羊每个冬季都要长出"冬衣"，不算是一种通常意义上的可持续资源。使用美利奴羊毛生产纺织品，绵羊的处理方法至关重要，需要确保畜牧者不使用他们常见的"剪皮防蝇法"伤害绵羊。此外，羊驼毛、羊绒、马海毛、剑麻和马尼拉麻也被认为是非常适用于服装的生态友好型天然纤维。

（4）克什米尔羊绒。克什米尔羊绒，通常简称羊绒，是从克什米尔山羊以及其他种类山羊身上获得的毛纤维。羊绒通常具有羊毛纤维特征，但比羊毛更优质、更柔软。羊绒是覆盖在羊毛下层的细绒毛，需要从整片羊毛纤维中将羊毛纤维分离出去而获得的纤维。cashmere 一词是亚洲南部克什米尔最北部地区旧时的拼写方法。羊绒质地更优，强力更高，质量更轻，更柔软，更保暖，保暖效果约为羊毛的三倍。

（5）马海毛。马海毛是用安哥拉山羊毛制作的具有丝绸般光泽的纱线。强力高且柔软的马海毛因其高亮度和高光泽度而闻名，这也赋予了其"钻石纤维"的称号，并经常与其他纤维混纺以提升纺织品的质感。马海毛的色泽十分出众。马海毛因其出色的保暖性能常作为冬季保暖服装的原材料，又因其毛细，排湿性能优异，而能够在夏天使人保持凉爽感。马海毛耐用性好，柔软，耐火，抗皱，与羊绒、安哥拉兔毛和蚕丝一样是一种珍贵的纤维，比普通羊毛更加昂贵。

马海毛主要由角蛋白构成，角蛋白是组成哺乳动物毛发、动物角以及皮肤的主要蛋白质。马海毛与之前介绍的羊毛一样，表面覆盖鳞片，但鳞片未完全形成，呈平阔状紧贴于毛干。因此，马海毛和羊毛的手感并不相同。

马海毛的细度为 $25\sim45\mu m$。幼龄动物的细毛可以用于生产高品质纺织产品，例如服装等；而老龄动物的粗毛常用于生产地毯和披风外衣的面料。

1.6.2 矿物纤维

矿物纤维是指从特有矿物质原料中提取，或使用无机盐和矿物盐制备的各种纤维。这些纤维都是二氧化硅（SiO_2）或其他金属氧化物的衍生物。另外，还包括金属纤维（单质或表面覆盖天然聚合物）。除了表层覆盖聚合物的金属纤维之外，矿物纤维主要由无机或金属成分组成，并且保暖、安全、不易燃。

石棉是呈稳定晶体结构的几种常见矿物（直闪石、角闪石、蛇纹石）的总称。石棉首先通过浸泡使其开散呈纤维状，然后通过分拣和纺制得到长度为 $1\sim30cm$ 的圆形截面纤维。石棉纤维极耐高温、酸和碱以及不同的化学物质。尽管石棉纤维的强力较低，但在一般应用过程中不易被分解，也不会受到细菌或微生物的腐蚀。石棉纤维可以应用于阻燃服装、运输管道、刹车片、机械垫圈、现代包装材料、电线绕组、防护装备和安保材料。将石棉纤维吸入人体是非常危险的，因此已经被禁用。

1.6.3　纤维素/木质纤维素纤维

1.6.3.1　韧皮纤维

韧皮纤维存在于植物的韧皮部或树皮中。韧皮纤维以束状或纤维状作为植物的增强部分，帮助植物保持直立坚固。大部分韧皮纤维常用的分离方法是将植物堆积到一起，通过浸沤法将韧皮纤维从其他组织中分离。之后，再通过打碎、揉搓和梳理来处理浸沤过的韧皮纤维。

（1）黄麻纤维。黄麻纤维是从两种一年生草本植物中获取的。一种是产自亚洲的圆果种黄麻（椴树科），另一种是产自非洲的长果种黄麻。圆果种黄麻的种子呈圆形，长果种黄麻的种子呈长形。黄麻主要生长在印度、孟加拉国、中国和尼泊尔等地。黄麻通过手工采集，在田里晒干脱叶，然后在水池中浸沤长达一个月。浸沤池的水深度取决于东南亚飓风季的降水量。降水量较少的年份，由于受到泥沙和沉积物的影响，浸沤池的水位较低，处理的黄麻量较小。纤维成品生产完毕时，需对其色泽、长度、细度、品质、清洁度、光泽度、柔性和均匀度进行评估。黄麻纤维的色泽范围从乳白色到红棕色，同时还具有明亮的光泽。黄麻纤维具有八角形中空截面。尽管黄麻是仅次于棉花的最常用的纤维材料之一，但在大量传统产品应用中已经被合成纤维取代，例如篷盖布、粗麻布织物和麻袋。黄麻纤维可以用来做麻绳，通过硫酸盐制浆法可以制造卷烟纸所用的边层纤维。印度与联合国开发计划署合作开展了扩展黄麻产业的重要项目，以期探索黄麻在高品质纱线和纺织品、复合材料以及纸制品中的新用途。黄麻另一项优势应用是制造可用于汽车头部、中部通道和后备箱内衬部分的热塑性复合材料。

（2）亚麻纤维。亚麻纤维取自一年生植物亚麻（亚麻科），自古以来就被用于纺织面料。亚麻生长在温暖潮湿的环境，例如中国、比利时、法国、爱尔兰、意大利和俄罗斯等地区。亚麻的种子也可以被开发利用，亚麻籽油就是从种子中提炼出来的。亚麻纤维可以用于造纸。韧皮纤维被露水浸沤过后大部分呈现出的是黑色纤维。比利时生产的亚麻纤维就是在利斯河道上被河水冲刷而成的优质纤维。经过沸水煮练后，亚麻中纤维素含量接近 100%。亚麻纤维是强力最高的植物纤维之一，比棉纤维更结实。亚麻纤维具有很好的透气性，这也是服装面料的基本要求，但延伸性很差。亚麻纤维主要应用于服装、面料、装饰品和包装材料。亚麻纤维还被用于帆布、细线和绳索以及特殊应用，例如消防水龙带。亚麻合成纤维浆粕是制造货币和复合纸的原料。亚麻纤维也经常用于制作卷烟纸。亚麻纤维通过对其细度、强度、延伸度、密度、色度、均匀度、光泽度、长度、手感和洁净度等指标来评估分级。

（3）大麻纤维。大麻纤维取自于中国中部地区种植的大麻植株（桑科），之后在中亚和东欧逐渐发展起来。大麻的茎可用来制造纤维，种子可用来榨油。大麻植株的茎高5~7m，直径6~16mm。大麻植株的茎呈空心结构，一直到叶子部分都呈现光滑表面，通过手工切割并铺放在地面上进行露水沤麻法获得的纤维品质最好。水浸法沤麻需先将植株晒干去除种子和叶子，再进行沤麻。大麻纤维长度可达2米。纤维质量通过色度、光泽度、纺纱质量、细度、洁净度和强度等指标来评估。大麻纤维在干燥过程中产生逆时针旋转（Z捻），而亚麻纤维发生顺时针旋转（S捻）。大麻被视为亚麻纱线和绳索的取代品，其先前在绳索上的应用已经被叶纤维和化学纤维所取代。大麻纤维在中国、日本、匈牙利、意大利等地区多用于造纸，例如卷烟纸，但是大麻纤维漂白工序很烦琐。大麻纤维比亚麻纤维粗且柔韧性差。在美国和加拿大，重新允许开发大麻掀起农业种植热潮，但是种植必须符合政治和法律要求，不允许从含高浓度四氢大麻酚成分的工业大麻中提炼毒品。

（4）苎麻纤维。苎麻纤维取自荨麻科苎麻属植物的外皮。苎麻原产于中国（被命名为中国草Chinagrass），长期用于纺织品和渔网编织。菲律宾、日本、巴西和欧洲和都有种植苎麻。苎麻植株高1~2.5m，茎粗8~16mm。扦插即可生根发芽，根据土壤和气候影响，每年可以进行两到四次扦插。苎麻用镰刀进行人工收割，在脱叶之后使用手工或机器剥皮。由于树胶成分（木聚糖和阿拉伯木聚糖）高达35%，不易进行沤麻。

经过脱胶处理后的苎麻纤维通常含有96%~98%的纤维素。苎麻纤维截面呈椭圆形，细胞壁较厚，具有中腔。苎麻纤维与除亚麻以外的其他韧皮纤维一样，具有逆时针方向捻度。苎麻是世界上最长的植物纤维之一，具有高结晶度和卓越的性能，在不同条件下可以很强硬或很柔软。苎麻纤维湿强高，干燥快，适用于编织渔网。

苎麻常用于批量生产现代类型纺织品，例如帆布、绳索和装饰用纺织品。在亚洲，特别是中国正在探索苎麻纤维领域创新，并已经取得了与丝、化纤和棉的混纺织物的创新性应用。

片，然后清洗和筛选。洋麻纤维比黄麻纤维更短、更粗。在印度、泰国和巴尔干半岛国家，洋麻纤维也被视为黄麻的替代品，被用于麻袋、绳子、麻线、包装和造纸浆。泰国也销售洛神葵纤维漂白纸浆。

（6）肖梵夫花韧皮纤维。肖梵夫花韧皮纤维是一种不太常见的、类似麻纤维的天然植物纤维。肖梵夫花（锦葵科）是一种生长在扎伊尔和巴西的生命力顽强的植物，高 4~5m，茎粗 10~18mm。由于根部是木质部，茎部在地面 20cm 以上进行收割。肖梵夫花植株在田间进行脱叶以及沤麻的方法与黄麻和洋麻相同。将沤过的植株进行剥离和清洗，再用手揉搓，去除木质素。光滑、紧密的原麻纤维根据光泽度、色度、均匀度、强度和洁净度等指标进行评估。肖梵夫花韧皮纤维可用于制作麻袋、绳索和粗糙的纺织品。

（7）苘麻纤维。苘麻是一种一年生草本植物产出的类似黄麻的纤维。苘麻植物原产于中国，主要生长在中国和俄罗斯。由于常与黄麻纤维混纺之故，苘麻也被称为中国黄麻。苘麻植株高 7.62~15.24cm（3~6 英寸），茎粗 6~16mm。与黄麻加工过程类似，苘麻在手工收割和脱叶之后通过水浸法沤麻来分散和提取纤维。苘麻纤维可用于制作绳索。

1.6.3.2　叶纤维

叶纤维是从单子叶植物（通常有平行脉叶的开花植物，如草本植物、百合、兰花和棕榈）的叶片中获取的有一定强度和粗度的纤维，主要应用于制作绳索。叶纤维通常长度较长且强力较高，也被称为"硬质"纤维；区别于柔软、易弯曲的或者说"柔性"的韧皮纤维。叶纤维大部分来自厚、硬、多肉的剑形叶片，比如龙舌兰科植物叶子就是叶纤维的主要来源。叶子是通过纤维束加固和支撑的，在生长期内增长几十厘米长，叶子表面覆盖细胞或全部都由植物纤维组成，内部填充连接黏性物质。叶纤维贯穿叶片，汇聚到靠近叶片基部底面。马尼拉麻叶片是一个例外，它的叶纤维是汇聚到茎部。

叶片通过手工采集，使用手工或机器进行刮擦或剥离将叶纤维从周围的叶肉组织中分离出来的，再进行清洗和干燥。提取出的纤维是集束状，而不是单独的纤维细胞。

叶纤维主要用于制作绳索等。通常不需要进行纺纱即可用于织布。全世界叶纤维中剑麻、马尼拉麻和灰叶剑麻的产量较为领先。由于现有的开发和加工技术限制以及合成纤维绳索应用较广，可能许多有用的叶纤维尚未被开发利用。经济纤维作物主要包括马尼拉麻、马盖麻、灰叶剑麻、毛里求斯麻、新西兰麻和剑麻。

（1）剑麻纤维。从品质和商业价值来看，剑麻纤维是最具优势的叶纤维之一。剑麻纤维最早生长于赤道西部的热带地区，后被移植到东非、印度尼西亚和菲律宾。剑麻纤维是以其首次出口时的墨西哥尤卡坦半岛港口而得名的。剑麻叶子从中心芽开始发育，可以生长为长 0.6~2m、末端呈蓟状的叶片。叶纤维沿着叶片长度方向延伸，加工过程中进行压扁、刮麻、清洗和干燥。剑麻植株的生长需要大量水分，雨季时将水分储存起来便于在旱季时消耗。

剑麻纤维较粗，强力较大，在一定条件下有适当延伸，但比马尼拉麻延伸性差。剑麻纤维同样耐盐水腐蚀，主要用于造纸、打包、绳索以及作为高质量产品浆料的原料，巴西即在进行大规模的剑麻纤维纸浆加工。

（2）蕉麻纤维。蕉麻纤维是从马尼拉麻蕉（香蕉科）的叶片中提取的。由于首次运出的港口是马尼拉，因此也被称为马尼拉麻，但实际上它与韧皮纤维麻没有任何联系。成熟的蕉麻植株从根部长出 12~20 根茎；高 2.6~6.7m，根部直径 10~20cm。茎上长有长 1~2.5m、宽 10~20cm、厚 10mm 的叶鞘，叶纤维长在最外层。蕉麻作物可持续收割 5 年，每 6 个月左右可采 2~4 根茎。

蕉麻纤维具有很好的耐水性，特别是耐盐水侵蚀，因此可被用于制作船用绳索和链条，现已经大量被合成纤维取代。蕉麻纤维是强度最高的叶纤维，其次是剑麻、新西兰麻和灰叶剑麻；此外，还是造纸纤维中强度最高的纤维。蕉麻纤维可用于制作法兰克福肠的外包装；由于高润湿性、洁净度和纤维结构有助于茶叶成分向水中快速分散，因此是做茶包最受欢迎的纤维之一。

（3）卡罗阿叶纤维。卡罗阿叶纤维是一种外表像剑麻，提取自巴西东部和北部野生凤梨科植物斑马芦状凤梨的硬叶纤维。斑马芦状凤梨的剑形叶片长 1~3m，宽 2.5~5cm，通过手工揉搓分离纤维，再进行打麻或沤麻加工。卡罗阿叶纤维可用于制造绳索和隔音材料。

（4）灰叶剑麻。灰叶剑麻纤维呈白色至黄红色，与剑麻纤维的强度、洁净度、表面结构和长度类似。叶片从根部开始生长可长达 2m，宽 10~15cm。叶片需进行切割、机械剥离和清洗加工。灰叶剑麻在古巴（古巴剑麻）和萨尔瓦多开发用于本地相关的应用，包括麻线、绳索、粗制地毯和麻袋等。

（5）毛里求斯麻。毛里求斯麻，又称皮特拉纤维，是从龙舌兰科白花龙舌兰中提取的。毛里求斯麻主要生长在毛里求斯，在巴西和其他热带国家也有种植。毛里求斯麻的叶片比龙舌兰叶片更长、更厚实，需使用机械剥离法抽剥纤维。它比剑麻纤维更白、更长，强度较低。由于它的色度浅，还可以与其他纤维混纺。

（6）金边剑麻。金边剑麻植物出产一种长度长、色泽浅、质地硬的纤维，也称为新西兰麻，但没有任何韧皮纤维特征。金边剑麻为龙舌兰科植物，叶片长 4m，宽 10cm，采用机械剥离法分离纤维。

（7）虎尾兰纤维。虎尾兰是典型的龙舌兰科植物，由于它可以被用作弓弦，也称为弓弦麻。虎尾兰原产于非洲和亚洲热带地区，如今发展区域广泛，通常作为观赏植物。尽管虎尾兰纤维品质很高，但作为一种纤维植物的意义并不大。虎尾兰纤维具有青黄色、表面光洁和纤维细度细等优秀指标，比剑麻品质更好。

（8）马盖麻。马盖麻同剑麻一样属于龙舌兰科植物。它起源于墨西哥，后来被引入印度尼西亚和菲律宾并工业化生产至今。这种植物生长在潮湿并具有黏性的土壤中。在印度尼西亚，马盖麻纤维是由机械剥离法分离出来的；而在菲律宾，则通过海水浸渍后再进行手工分离或剥离剂进行清洁分离。马盖麻纤维比其他的龙舌兰纤维质量轻，其强度取决于纤维内部结构排列。

1.6.3.3 种子纤维

植物的种子和果实通常连有纤维，或包裹在纤维状外壳中。种子纤维主要由纤维素组成，并且具有一定商业价值，其中，棉花就是最重要、最普遍使用的纺织纤维之一。

（1）椰壳纤维。椰壳纤维取自椰子树（棕榈科）果实的外壳，主要在印度和斯里兰卡生产。椰壳纤维是将天然的椰子进行手工或机械打碎，从破裂的外壳中抽提出来。破裂外壳在水中浸泡，再通过手工或机械剥离法分离纤维。经过洗涤、干燥和梳麻得到的椰壳纤维，可应用于制造室内装饰、绳索、纺织品、垫子和刷子。

（2）木棉纤维。木棉树原产于非洲和东南亚，木棉纤维是从木棉树（木棉科）的种子部分提取的，主要在爪哇岛生产。木棉树高达 35m，种子生长于蒴果壳体内壁，需用锤子敲开蒴果进行种子纤维采收。木棉纤维需要进行干燥，再通过手工或机械法分离纤维。木棉籽油是由木棉种子加工生产的非干性油，性质与棉籽油相近。木棉纤维质量轻，横截面呈圆形，纤维壁薄且中腔较大。木棉纤维具有耐潮湿、质量轻、强度高、细度细、轻柔等特点，但不宜纺纱。木棉纤维一般用于日常服装、睡袋、保暖、室内装潢等。然而，合成材料已经取代了大多数的填充材料，现在木棉主要用于救生防护。填充木棉的救生衣可以承受三倍于救生衣质量的质量，确保不会被水淹没。

1.7　生态友好型纤维的性能及应用

1.7.1　甘蔗纤维

甘蔗纤维是从有机甘蔗的茎中提取出来的纤维，也称为甘蔗渣。纺织行业使用甘蔗渣（实际上是农业废料）来制造纤维。莱赛尔纤维是一种通过甘蔗渣生产的甘蔗纤维，具有很高的药用价值。甘蔗纤维优良的稳定性、耐磨性和生物降解性使其成为制造一次性医疗卫生用纺织品和商业纺织品的理想原料。日本已经建立了基于甘蔗纤维混纺制造的织边牛仔布，用来生产牛仔裤和牛仔服的完善工艺。

利用有机甘蔗纤维生产的纺织品具有环保、天然、可生物降解的特点。而且，由于一部分甘蔗纤维是从植物的副产物和废料中提取的，也属于再生纤维范畴。天然有机纤维纺织品因其出色的品位和良好的外观，正在纺织领域逐渐推进。

1.7.2　香蕉纤维

从香蕉植株中提取出的香蕉纤维也是一种新型纤维天然纤维。香蕉纤维是用香蕉树皮制造的，一般细度为 2380 nm，标准长度 60 mm。香蕉纤维由纤维素、木质素和半纤维素组成。香蕉纤维看起来与竹纤维、苎麻纤维类似，但表面光滑度更好。香蕉纤维在纺织领域的应用范围不大，主要用来制造绳索、垫子及其他复合材料。近年来，香蕉纤维环保面料作为原料应用的重要性不断提升。在市场上，可以发现用香蕉纤维制作的领带、垫套、台布和窗帘等多种纺织品。香蕉纤维优良的保湿性、光泽度、高强度和低延伸性等物理特性，使其成为制作现代纺织品的理想材料。

1.7.3　菠萝纤维

菠萝纤维是近年来应用于纺织领域很受欢迎的天然纤维。菠萝纤维不属于有机纤维，而是利用菠萝叶来制造纤维。从菠萝叶中提取纤维有手工法和机械法剥离纤维两种方法，提取后的纤维中含有高比例的木质素和纤维素。菠萝纤维具有丝般光泽和乳白色泽，性能优于黄麻，具有抗菌、易染色的特性。

由于菠萝纤维具有类似蚕丝的特性，可以与涤纶和丝混纺生产具有新型应用的纺织面料。同时，高强度、生物可降解性、易打理等优点也使菠萝纤维成为生产优质面料的热门产品。取自于菠萝这种美味水果的纤维制成的面料细腻、轻质、易打理并且可水洗。菲律宾是世界上最大的菠萝纤维生产国之一。菠萝纤维可用于制造室内装饰、家居用品、服装、非织造及其他纺织品。

1.7.4 玉米纤维

玉米纤维的性能与涤纶短纤维相似，有丝般光泽，回潮率优于涤纶，面料性能优良。玉米纤维的延伸性和回复性能良好，赋予织物良好的保形性和抗皱性。玉米纤维面料有极好的触感和亲肤性；染色性能良好，在加压条件下可以使用分散染料染色；另外，它还具有良好的防褪色和防紫外老化性能。

1.7.5 竹纤维

在中国，竹林在需要多年甚至上千年种植发展才能形成现在的庞大规模。每年春、夏季节，新笋（称为茎）从地面冒出。一棵大竹笋重 2~4kg，高不超过 30cm。在这个阶段，竹笋是非常嫩的，拉伸强力很低，还可以用刀切割。随后，竹笋生长会非常迅速，3 个月内可达到最高约 20m。当竹子成熟时，会变得非常柔韧、强力高，并且和薄钢片一样，具有很好的弹性。

纺织用竹纤维是采用在林地生长不少于 4 年的竹材生产的。事实上，即使在中国的偏远地区，竹林也备受推崇，普遍受到精心的培育和管理。在夏季，当竹子长到最高高度时，它们会根据年份编号进行区分，以保证在准确时期进行采收。采收完毕后的竹子被送到工厂进行粉碎，并浸泡于氢氧化钠中分解竹纤维素形成碱纤维素。随后，加入二硫化碳形成纤维素黄原酸钠盐，然后经过喷丝、清洗、漂白成亮色然后干燥，再次形成纤维。所得纤维质量轻、长度长，并且明显优于其他纤维。竹纤维的纺丝工艺与其他纤维类似。纤维牵伸越长、刚性越强，纺制的纱线性能越好、越纤细，与同等数量的其他纤维纺制的纱线相比更耐穿用、耐磨损，赋予竹纤维纺织品显著的韧性。纤维的孔隙提升了竹纤维的渗透性，因此织物悬挂晾干需要更多的时间。纤维的孔隙还有助于更持久地储存染料和保持色泽，使纺织品不易褪色。

1.7.6　大豆纤维

大豆堪称天然营养瑰宝。大豆属于豆科植物，是为数不多的能提供高蛋白、低脂肪的植物之一，又被称为长寿豆。印度是世界排名第五的大豆生产国。大豆蛋白纤维（SBF）是一种再生植物纤维，也是世界上主要的植物蛋白纤维，最近还有计划研究基于大豆蛋白纤维对皮肤的保护功能。

1.7.7　牛角瓜纤维

牛角瓜纤维是在植物种子的单个细胞上生长的纤维素种子纤维。牛角瓜纤维呈中空结构、薄壁、质轻，结构决定其可应用于轻质防护性产品。牛角瓜纤维具有很好的保湿性，可以重点应用于需要增强性能之处，但常会导致纤维明显受潮而纠缠在一起形成团状。牛角瓜纤维属于萝藦科牛角瓜属植物的主要品种之一。

萝藦科植物大多生长在热带地区，特别是在中美洲和南美洲的干旱地区尤为常见。萝藦科植物大部分是直立草本植物、木质攀缘植物和多肉植物。牛角瓜和白花牛角瓜通常生长在富含德干玄武岩的深色土壤中，在荒野和路边十分常见。牛角瓜的广卵形种子被包在果实内。种子一般为扁平、光滑、椭圆形，并附着种毛。种毛带着种子被风吹散。纤维在干燥时呈分散状。果实需要在仍是绿色且尚未裂开的时候采集。待果实开裂后，绿色的外壳打开并露出里面的冠毛纤维。连带种子的冠毛纤维从开裂的果实中取出，放在手掌上轻轻摩擦，种子即可从纤维上面脱落下来。

1.7.8　牛奶蛋白纤维

牛奶纱线是用牛奶蛋白纤维纺制而成的纱线。牛奶纤维加工之前首先要进行脱水处理，即在脱脂后去除牛奶中所有的水分。运用新型生物工程技术制备蛋白纺丝液适用于湿法纺丝工艺，可以纺丝得到优质的纺织纤维。大部分纤维制造商会在纺丝时加入可溶解的小颗粒锌嵌入纤维中，赋予纤维抗菌性和强力。这种方法可以用于强化天然纤维和化学纤维。牛奶蛋白纤维是一种富含氨基酸的新型纤维，包含对人类健康有益的 18 种氨基酸。牛奶蛋白纤维可以单独纺纱或与羊绒、蚕丝、绢丝、棉花、羊毛、苎麻等不同的纤维混纺制成纺织品。由这些纤维制成的面料可以有效保护皮肤，避免造成过敏和皱纹。牛奶蛋白纱线面料主要用来制作童装、高档服装、衬衫、T恤、休闲服等。

1.7.9　芦荟纤维

芦荟是一种生长于非洲的重要植物。由于芦荟具有医疗功效，也被称为"沙漠百合"和"永恒植物"。芦荟的含水量可达96%。叶子中含有超过75种元素和200多种化学物质，包括20种矿物质、18种氨基酸和12种维生素。这些物质可以帮助皮肤细胞修护、保护真皮层健康免受损伤。先进纺织产品将芦荟的优点融入服装中，有益皮肤健康；修护皮肤细胞，使皮肤免受微生物污染。由具有开孔结构的细芦荟纤维制作的服装，有助于皮肤表面湿气的导出。

1.7.10　荨麻纤维

荨麻纤维可以用于制作生态友好型服装。荨麻生长在野外，通常被认为是杂草。荨麻纤维可以经过纺纱织布用于服装及其他广泛用途。荨麻是一种有效的驱虫品，因此荨麻纤维在许多地域被用于制作驱虫服装。

1.8　市场上的新型纤维

1.8.1　和平丝

和平丝是一种不需要煮茧杀死活蚕蛹即可获得的蚕丝。蚕蛹可以正常地破茧而出，然后茧再被抽出形成蚕丝。"和平丝绸"已经获得企业的投资帮助，正逐渐扩大知名度，技术工人们也将接受培训来学习这项新型"无暴力"的生产工艺。

1.8.2　天丝

桉树是一种可用于生产天丝（Tencel）的植物，桉树的种植会造成土地贫瘠。护林员通过管理尽量使用最少的水量种植桉树。由于Tencel的生产工艺是"闭环"的，因此被认为是没有废料排出的生产过程。Tencel从桉树木材中提取原料，再用100%

可回收溶剂将木浆分离成纤维。这项生产工艺曾荣获欧盟颁发的"欧洲环境奖"。

1.8.3　创新牛奶纤维

Qmilk 创新牛奶纤维是 100% 纯天然、光滑，并且有利于皮肤健康的一种创新型纤维，满足创新材料提升的先决条件。它独特的抗菌效果和良好的疏水性，为创新牛奶纤维产品的开发提供了参考价值。

创新牛奶纤维具有天然热黏结性，通过这种方式可以不使用普遍的塑料或酚醛胶，也可以与其他普通纤维黏结在一起。这种轻量化开发方法使产品保持 100% 纯天然，并且不污染环境。天然创新牛奶纤维确信能够为人类和自然环境保护做出贡献。

1.9　天然纤维的优势

天然纤维具有如下优势：

（1）环境友好；

（2）完全生物可降解；

（3）无毒害性；

（4）易打理；

（5）在加工与应用过程中不易磨损；

（6）厚度薄，质量轻；

（7）可用作堆肥；

（8）为农村、农业群体提供收入来源；

（9）良好的保暖和隔声性能；

（10）原材料可再生、量产丰富、持续供应；

（11）低成本；

（12）提升生命力的恢复能力；

（13）无健康危害（不会造成皮肤恶化）；

（14）力学性能良好；

（15）高强度；

（16）热学性能良好；

（17）对加工器械磨损小；

（18）对皮肤和呼吸道刺激性小；

（19）易裁剪；

（20）与玻璃纤维相比，天然纤维的摩擦力要小得多，因此在加工方法和回收利用方面具有优势。

1.10　纺织服装产业的绿色发展趋势

纺织服装企业向"绿色"发展、保护环境及资源导向的主要途径不仅局限于发展应用天然纤维面料。纺织服装企业必须更加遵守行业准则，进行绿色的加工与生产，即具有"道德和生态理念"。这意味着企业需要为绿色生产支付成本，探寻绿色产品的商业机会，并且为工程技术人员提供安全健康的工作环境。另外，企业"承担了保护地球的责任，保证产品质量，遵守社会生态理念并促进产品的开发和创新；为劳动力提供业务、专业技能培训和发展机会；促进纺织服装产业发展，建立长期贸易联系，培养绿色发展的责任感。"在这种情况下，纺织服装循环再利用和有机纺织品都是对生态可持续的推动形式。

1.10.1　绿色设计理念

"清洁始于设计"是以跨国公司的营销为杠杆，以减少全球供应链对自然生态产生影响的创新项目。"清洁始于设计"致力于提高工艺流程精准度来降低资源浪费与废物排放，改善生态环境。纺织服装产业对生态环境的影响如图1.4所示。

1.10.2　绿色生产理念

有机纺织品需要使用特定原料，例如，植物或动物纤维进行加工处理或保持其天然状态进行生产。有机纺织服装所使用的染料必须是从植物或矿物中提取，或对生态环境影响极小的染料。在染色过程中不可使用大量重金属或其他有害化学品。职业操守和生态绿色理念应该延伸到有机纺织服装产业的每个环节中。

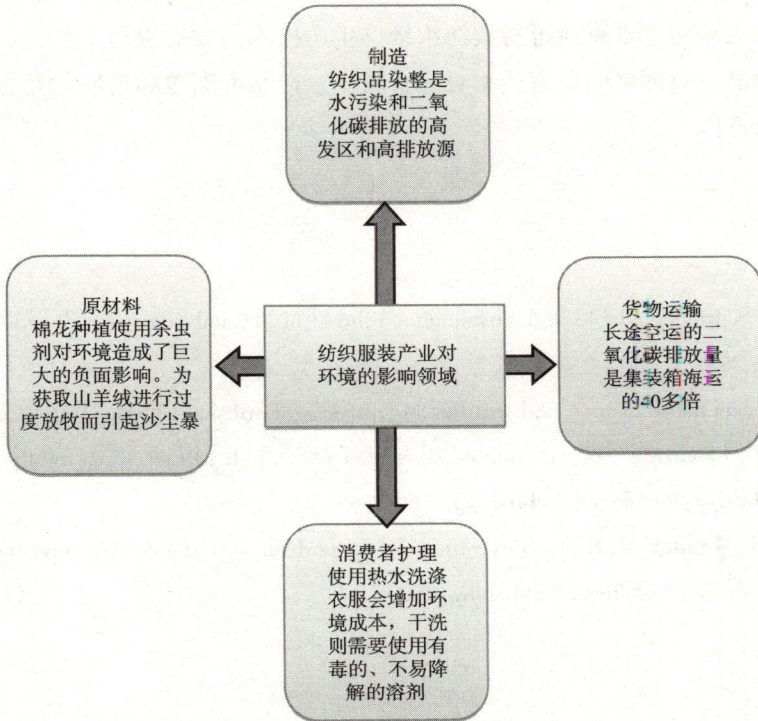

图 1.4　纺织服装产业对生态环境的影响

图片来源 http：//www. environmentalissues. net

1. 11　结论

在当前形势下，人们对生态纺织品的关注度不断提升。为满足人们对生态纺织品的需求，避免损害人体健康和世界环境安全，必须采取可持续纺织解决方案。由于生态纤维纺织品不含任何有害化学品，所有人都可以穿着。因此，采用生态纤维和天然纤维是保持地球清洁和减缓全球变暖的最佳方式之一。纺织工业污染也是土地污染和水污染的主要污染源。为了避免对环境的污染和破坏，可以采用有机农业种植高度耐污染作物。这些被培育成生态友好型的作物，可以用于生产可回收面料服装。通过减少环境中二氧化碳的排放量，生产链和供应链企业也为地球健康做出贡献。尽管现在生态友好型纤维可应用于多种纺织品，但是想要完全取代非生态友好型纤维在纺织品中的应用，使生态友好型纤维和纺织品完全满足消费者需求，仍然存在有很大差距。本章对可持续纺织纤维生产技术的发展进行了探讨，认为使用低浓度化学品、对环境无危害或相对危害较小、产品可溯源和透明化是保证可持续发展的基本准则。

参考文献

Blackburn R S. Biodegradable and Sustainable Fibres［M］. Cambridge：Woodhead Publishing，2005：343-366.

Fletcher K. Sustainable fashion and textiles［M］. London：Earthscan，2008.

Horrocks A R. Ecotextile '98，sustainable development［A］. In：Proceedings of the conference［C］. Cambridge：Woodhead Publishing，1999.

Horrocks A R，Miraftab M. Ecotextiles—the way forward for sustainable development in textiles［M］. Cambridge：Woodhead Publishing，2007.

第2章　再生可持续纤维

Shanmugasundaram O. Lakshmanan 和 Guruprasad Raghavendran

摘要： 在环境意识逐渐提高的时代，可持续材料在保护公众健康和环境安全方面发挥着至关重要的作用。合成聚合物的主要问题是不可降解和不可再生。在过去的几十年里，纺织行业见证了多种再生可持续纤维的研发和进入市场应用。再生可持续纤维具有生物可降解性，是从再生农作物及其他再生资源中提取和生产的。近年来，相关技术人员报道了多项关于再生可持续纤维可持续性的创新研究。本章对聚乳酸（PLA）纤维；莱赛尔纤维、再生羊毛蛋白纤维和壳聚糖纤维等再生可持续发展纤维的生产、性能及应用进行了详细论述。再生可持续纤维可用于服用纺织品、家用纺织品和医用纺织品等多种用途。本章讨论了这些纤维在生产和加工方面可持续性的创新举措。

关键词： 壳聚糖；生态友好型可持续纤维；莱赛尔；聚乳酸；羊毛蛋白

2.1　概述

为了保护公众健康和环境安全，各种原材料及其产品必须在全生命周期中始终保持环境友好性。生态友好型纤维和纺织品不仅减小了对环境的负面影响，还提高了社会效益和经济效益。国际标准化组织（ISO）规范了产品的全生命周期进行的生命周期评估（LCA），即从原材料生产开始到最终废弃排放到环境中结束。2014年，合成纤维的工业需求量为5520万吨（纺织世界期刊，2015）。以聚酯、聚丙烯和聚酰胺纤维为市场主导的全球合成纤维消耗量巨大。当纺织服装产品结束生命周期时，不可生物降解的纤维会造成严重的环境问题。虽然回收再利用可以在一定程度上解决问题，但许多使用过的合成纤维面料服装的处理方式是进行焚烧或送到垃圾填埋场。全球众多科研团队正致力于开发生态纤维以取代部分合成纤维的应用。石油资源储备量的日益枯竭也是纤维工业探寻应对措施的一个主要原因。天然纤维具有环境友好性，但其种植过程中使用的大量农药和化学物质是环保专家关注的主要问题。由于人类无节制地使用化学产品造成的环境状况恶化而引起广泛关注，全世界

29

已经开始努力开发生态友好型纤维，以期大幅度降低不可降解纺织品的全球消耗量。使用生物基材料替代石油化工产品的同时，必须保证产品质量和性能不会显著降低。

一些消费者调查报告显示，消费者尚不认为生态友好型产品在性能方面达到应用需求（Thiry，2007；Anon，2007a）。为了保护环境，人们正在进行多项研究工作以取代塑料制品、薄膜材料、包装材料、建筑材料和合成纤维。经过研究人员的不懈努力，纺织应用领域研发出多种环境友好型纤维，例如竹纤维、莫代尔纤维、再生蛋白质纤维、酪蛋白纤维、甲壳素纤维、壳聚糖纤维、海藻酸纤维、聚乳酸纤维（PLA）、莱赛尔纤维（Lyocell）等。生态友好型纤维不仅可以应用于服装，还可用于各种家用纺织品、生物医用纺织品等。许多公司开发了再生蛋白质纤维，如酪蛋白纤维（英国考陶尔兹公司）、花生蛋白纤维（英国帝国化学工业集团）、大豆蛋白纤维（福特汽车公司）、玉米纤维（美国弗吉尼亚州卡罗莱纳化学公司）等。生态友好型纤维因其优良的性能、低成本和可持续性决定了其应用的成功。

本章详细介绍了聚乳酸纤维（PLA）、莱赛尔纤维、再生羊毛蛋白纤维和壳聚糖纤维等可持续纤维的制备、性能和应用，以及近年来在可持续纤维的生产和加工过程中取得的可持续创新成果。

聚乳酸（PLA）属于线型脂肪族热塑性聚酯，100%来源于玉米等可再生资源。莱赛尔纤维是由可持续资源生产的木浆添加生态友好型溶剂制备而成。从羊毛、羽毛和角质中提取的角蛋白具有出色的生物相容性、细胞活性和生物可降解性，因此得到生物医学领域的广泛关注（Yamouchi et al.，1998）。通过纳米技术开发的纳米角蛋白纤维可以生产具有高性能绿色创新产品，并应用于纺织品、生物医学和生物复合材料。离子液体（环境友好型溶剂）可用于提取羽毛中的角蛋白，促进聚合物的溶解。甲壳素是一种常见的存在于甲壳类动物和昆虫（蜘蛛、虾和螃蟹）外骨骼中的生物材料。甲壳素经脱乙酰反应得到壳聚糖。甲壳素和壳聚糖聚合物在纳米纤维、膜材料、支架、串珠、薄膜、水凝胶和海绵等生物医学领域已有创新性应用。

2.2 聚乳酸纤维

2.2.1 引言

聚乳酸是从100%可再生资源中提取的脂肪族聚酯。PLA纤维可以定义为一种从天然糖中提取的乳酸酯，占质量比超过 85% 的化学纤维。PLA 是第一种从玉米、小麦淀粉和甜菜等每年可再生资源中提取的通用高分子。PLA 纤维的优势在于它既可以进行熔融纺丝，也可以通过湿法纺丝生产。挤压出的纤维被切成短纤维与其他短纤维混纺。PLA 纤维具有优良的特性，可用于多种终端应用。美国奈琪沃克公司生产的 Ingeo™ 系列纤维和日本东丽公司的 ECODEAR™ 是市场上常见的 PLA 纤维品牌。

2.2.2　纤维制备

用于制造 PLA 的单体是从玉米、小麦淀粉和甜菜等每年可再生的作物中获得的。植物经过研磨工艺提取淀粉（葡萄糖）。淀粉中加入酶发生水解反应转化为葡萄糖。天然糖中存在的碳及其他元素通过发酵转化为乳酸。PLA 可通过以下两种途径形成：

（1）乳酸直接缩聚法；

（2）环中间二聚体（丙交酯）开环聚合法。

乳酸直接缩聚法直接脱水缩合形成低聚物，在高真空、高温度条件下使用溶剂使低聚物聚合形成更高相对分子量的 PLA。由于去除水和杂质难度较大，低、中聚合物只能通过这种方法生产。开环聚合法被认为是生产高分子量聚合物更好的方法，目前已经实现商业化应用。开环聚合法首先在无溶剂条件下脱水形成相对分子量较低的 PLA，裂解环化形成环状中间二聚体丙交酯，再通过开环聚合形成的具有光学活性的 PLA，通过改变分子主链中 D-乳酸的数量和序列而产生分子量变化的聚酯族 PLA。

左旋丙交酯含量高的聚合物结晶度高，而右旋丙交酯含量较高的聚合物（>15%）具有更多无定形区。美国奈琪沃克有限责任公司基于丙交酯开环间接聚合法申请了一种低成本、连续性 PLA 制备方法的专利。乳酸缩合反应可使用多种催化体系，包括铝、锌、锡和镧系化合物。金属醇盐是环酯开环聚合反应中最常使用的金属催化剂之一。在聚合过程中，丙交酯环打开并串联在一起，形成 PLA 长链（Farrington et al.，2005）。PLA 长链制成高分子母粒，然后运送到企业制成产品，包括胶囊、塑料杯、T 恤、婴儿湿巾和家用电器。

2.2.3　聚乳酸纤维的性能

PLA 纤维具有与其他热塑性纤维相似的多种特性，例如可控卷曲性、表面光滑、回潮率低。研究人员对 PLA 纤维的物理性能和结构进行了研究（Drumright et al.，2000），证明了 PLA 纤维用作纺织纤维具有巨大的商业潜力。PLA 纤维的机械性能与传统聚酯纤维 PET 基本相似（Lunt et al.，2001）。纤维截面通常为圆形，表面光滑。PLA 纤维的特性见表 2.1。

表 2.1　PLA 纤维的特性

性能		数值
纤维规格	线密度/tex	0.17~0.78
	旦尼尔	1.5~7
密度/（g/cm³）		1.25
强度	cN/tex	22.05~44.1
	gf/旦	2.5~5
伸长率/%		10~70
回潮率/%		0.4~0.6
熔点/℃		160~170

市售 PLA 短纤维有 38mm、51mm 和 64mm 三种不同的切断长度规格可供选择，也有染色形式的纤维。PLA 纤维的拉伸性能与高强聚酯纤维不同，而与羊毛相似。纤维在到达屈服点后很容易产生塑性形变。由于纤维的伸长率很高，因此保证了在商业应用中的良好性能，断裂功较高。PLA 纤维的极限氧指数（LOI）比大多数其他纤维高 26%，这意味着它更难燃。PLA 纤维的抗紫外线性能也十分优异。PLA 纤维具有良好的芯吸效应，可以快速扩散水分和干燥，因此具有良好的透气快干能力。由于 PLA 是一种线型脂肪族纤维，其抗水解性能相对较差。因此，对纤维进行化学处理时必须谨慎。美国奈琪沃克公司推出的 Ingeo6 系列 PLA 纤维提供从单丝到复丝多种形式的纤维产品以及纺黏和熔喷非织造产品。PLA 纤维从非结晶态到结晶态不同规格产品的熔点范围为 130~170℃之间。

2.2.4　聚乳酸纱线及纺织品的生产

PLA 可以直接生产长丝纱或短纤纱，在机械加工过程中不会增加复杂性。PLA 纤维性能类似聚酯纤维。各种商业规格的短纤维纱线密度范围从细度范围从 10~117tex（5~60 英支），长丝纱细度常为 70~150dtex。PLA 纤维可以与棉、黏胶、聚酯、羊毛等多种纤维材料混纺。纱线的最终性能取决于混纺组分。棉与 PLA 纤维混纺纱线强力中等，只适用于针织产品。PLA 纤维具有非常出色的性能，即使在混纺纤维中加入少量的 PLA 纤维，就可以赋予产品显著的透湿快干等良好的属性。纱线无须特殊处理即可在针织和机织工序中应用。在机织工序中，PLA 纱线可以采用 PVA 浆纱或水溶性浆纱，以避免碱液退浆。PLA 长丝织物手感非常柔软，与聚酯纤维织物相比具有更高的流动性和悬垂性。

2.2.5　聚乳酸织物的湿处理

目前市售的 PLA 纱线的熔点低至 170℃。这给后续纺织加工，尤其是在化学加工带来了一定的问题。PLA 混纺织物需要在弱碱性条件下洗涤，以避免严重的质量损失（Parmar et al.，2014）。棉织物的预处理过程通常是在碱性条件下进行，但碱处理会损伤 PLA 纤维。因此，需要优化 PLA/棉织物的预处理条件，以避免造成纤维损伤（Phatthalung et al.，2012）。研究人员（Baig et al.，2014）发现，PLA 织物在强碱和高温下洗涤会发生降解。煮练温度高于 60℃时，处理液渗入纤维结构内导致纤维损伤。与完全烘干汽蒸工艺相比，冷轧堆法采用过氧化氢处理织物，因此织物强度降低情况不明显。PLA 与聚酯纤维均采用分散染料染色。然而，染料的选择是最重要的，因为每种染料对 PLA 纤维染色反应与聚酯纤维染色有很大不同。一般来说，使用较短波长的染料对 PLA 纤维染色能够表现出比聚酯纤维染色更大的染料吸收率和更明亮的色泽（Nakumara，2003）。

2.2.6　聚乳酸织物的穿着与护理

PLA 纤维熔点较低，在穿着过程中需要采取适当的温度防护措施。由于裁剪和缝纫过程会引起大量纤维与金属之间摩擦生热，所以在处理这种材料时要更加注意。最后的轧光定形阶段也很关键，因为高温会使纤维受损。轧光定形必须在不加热或微热的条件下操作。消费者极为关注的是对服装的护理方法。PLA 面料服装加压熨烫温度必须比棉花和聚酯等其他纤维的熨烫温度更低。

2.2.7　聚乳酸纤维的应用

PLA 纤维在服用和产业用纺织品领域有着广泛的应用。PLA 纤维可应用于内衣、衬衫、运动服、外套和功能性服装。基于 PLA 纤维优良性能可以与棉、黏胶纤维、羊毛等其他纤维混纺。Guruprasad 等（2015）将 PLA 纤维与棉纤维混纺，可改善面料的透气快干性能。研究报道，混纺面料的综合水分管理能力优于纯棉面料。PLA 纤维可用于生产床单、枕套、窗帘和帐幔等，其抗紫外线、难燃性、燃烧低烟和低有毒气体性能是应用于家用纺织品市场的优势。PLA 纤维非织造布可用于工业/家庭湿巾、纸尿裤、女性卫生用品和医疗用品。PLA 纤维产品已经广泛应用于医疗缝合材料。

2.2.8　创新性研究进展

PLA 纤维是一种可用于服用纺织品、家用纺织品和产业用纺织品的新型聚酯纤维。美国奈琪沃克公司推出的 Ingeo6 系列产品设计了从单丝到复丝多种形式纤维以及纺黏和熔喷非织造产品。日本东丽集团出品的 ECODEAR™PLA 纤维主要作为工业材料应用，特别是汽车零部件，另外还应用于生活材料和绿色材料。为了保证 PLA 纤维在服用纺织品和产业用纺织品方面的应用，纤维的低热稳定性以及在服装压熨时需要格外注意。PLA 纤维的成本与聚酯纤维相比也更高。开发耐热性更好的 PLA 纤维将会使纺织品加工过程更简便，还能为这种有趣的纤维开辟新的应用领域。目前可持续发展的问题日益突出，PLA 纤维在未来将具有十分广阔的发展前景。

2.3　莱赛尔纤维

2.3.1　引言

采用直接溶解法制备的纤维素纤维统称为莱赛尔（Lyocell）纤维。莱赛尔纤维是新型纤维素纤维中第一种采用溶剂纺丝工艺生产的纤维。对再生资源作为原料的生态友好型加工过程的需求是推动莱赛尔纤维发展的主要动力（White et al.，2005）。黏胶纤维生产工艺会使用有毒化学品来制备纺丝溶液。因此，许多人尝试发明新的溶剂来直接溶解纤维素。N-甲基吗啉-N-氧化物（NMMO）溶剂是最适合的选择之一。英国考陶尔德公司通过该制备方法于 1994 年成功推出了 Tencel 品牌的纤维素纤维。奥地利兰精公司从考陶尔德收购了 Tencel 的业务，但保留了 Tencel 的品牌名称。再生纤维素纤维 Tencel 是从可持续资源浆粕中提取的。浆粕溶解在"胺氧化物"（通常是 N-甲基吗啉-N-氧化物）的溶液中。溶液纺成纤维，在纤维洗涤过程中萃取去除溶剂。在生产过程中可回收 99.5% 以上的溶剂。溶剂本身无毒，所非废气都是无害的。

　　莱赛尔纤维具有很多优异的性能，适用于服用纺织品和家用纺织品。莱赛尔纤维生产的多款面料穿着舒适，并且具有良好的物理性能。莱赛尔纤维的外观性能和吸水性使其成为生产非织造布和纸张的理想原材料。莱赛尔纤维具有纤维素纤维的所有优点，并且是完全可生物降解和吸收的。纤维在干态和湿态下均有较高强度，并且与棉、麻、毛等纤维混纺效果较好。文献中有许多关于莱赛尔纤维的制备工艺。在本章中，我们将详细讨论莱赛尔纤维的制备、性能及应用。

2.3.2　纤维制备

　　莱赛尔纤维的制备工艺流程如图 2.1 所示。类似黏胶纤维制备过程中的原黄酸化/再生工艺，莱赛尔纤维的生产工艺采用直接溶解法，而不是间接溶解法。莱赛尔纤维是由含有精练纤维素、少量的半纤维素且不含木质素的溶解浆粕生产。纤维素浆粕被打散成一英寸见方的小块溶解在 N-甲基吗啉-N-氧化物（图 2.2）中，得到纺丝溶液。然后将纤维素纺丝溶液过滤并通过喷丝器压出。纤维在空气中被牵伸，使纤维素分子排列一致，从而赋予莱赛尔纤维特有的高强度。然后将纤维浸入稀 NMMO 稳定水溶液中，用去离子水清洗，送入干燥区蒸发水分，最终得到纤维。

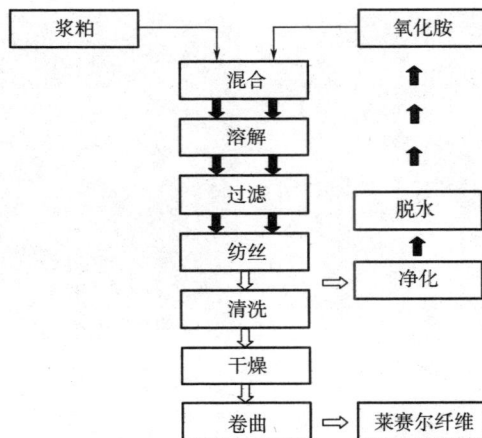

图 2.1　莱赛尔纤维的制备工艺流程（White et al., 2005）

图 2.2　N-甲基吗啉-N-氧化物的化学结构

　　后续的制备流程与黏胶纤维等其他纤维的制备方法相同。纤维经过含有润滑剂的后整理区，根据最终应用目的不同，选择使用肥皂、硅胶或其他试剂涂覆在纤维表面。在这个阶段，经过干燥、后处理的纤维以纤维束的形式存在，即是连续长丝组成的无捻纤维束。然后把丝束扎捆送入卷曲机，压紧纤维，赋予纤维卷曲性和蓬松感。用于溶解纤维素和纺丝后纤维定型的 NMMO 的回收率可达 98%。与传统的黏胶纤维制备工艺相比，整个过程产生的废料非常少，因此相对来说属于生态友好型工艺。

　　莱赛尔纤维可以生产长丝，也可以是切断的短纤维，然后通过一系列传统纺织加工方法转化为纱线和织物。短纤维是莱赛尔纤维最常用形式之一，将 1.4dtex 和 1.7dtex 的纤维切成 38mm 长的短纤维进行纺纱形成短纤维纱。莱赛尔纤维可以在传统的机器上进行加工，通过微调机器设置即可获得最优化效果。图 2.3 为 Tencel 短纤维纱线横截面的 SEM 图。Tencel 短纤维纱线可以用于机织或针织物生产，并可根据产品最终用途的要求进行多种形式的后整理。

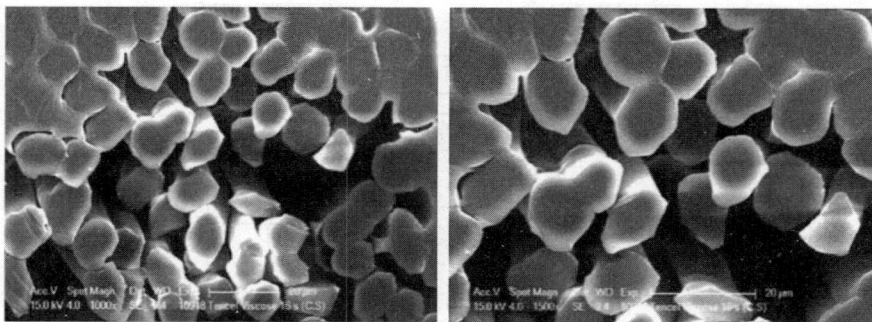

图 2.3　Tencel 短纤维纱线横截面的 SEM 图

2.3.3 莱赛尔纤维的性能

莱赛尔纤维与棉花、亚麻、苎麻及黏胶纤维等其他纤维素纤维有许多相似的性质。莱赛尔纤维的干态强力明显高于其他纤维素纤维，与聚酯纤维接近。莱赛尔纤维具有高度结晶结构，结晶结构沿纤维轴连续分散。结构赋予莱赛尔纤维良好的湿强，约为纤维干强的 85%，纤维湿态下的性能见表 2.2。另外，莱赛尔纤维具有较高的模量，因此在水中的收缩率较低。莱赛尔纤维被水浸湿和干燥后的收缩率也小于如棉花和黏胶纤维等其他纤维素纤维（White et al.，2005；Chavan et al. 2004）。

表 2.2 莱赛尔纤维与黏胶纤维、棉和聚酯纤维的性能对比

性能	Tencel®	黏胶纤维	棉	聚酯纤维
线密度/dtex	1.7	1.7	—	1.7
干态强力/（cN/tex）	38~42	22~26	20~24	55~60
干态伸长率/%	14~16	20~25	7~9	25~30
湿态强力/（cN/tex）	34~38	10~15	26~30	54~58
湿态伸长率/%	16~18	25~30	12~14	25~30
回潮率/%	11.5	13	8	0.4

2.3.4 莱赛尔纤维后整理

与其他纤维素纤维织物一样，莱赛尔纤维坯布的加工也需要先进行清洗。由于织物中的杂质主要是在织物制造过程中引入的，机织物中的杂质主要包括纱线浆料，而针织物中的杂质主要是纱线润滑剂和针织油剂。纯莱赛尔纤维机织物使用 PVA 或 PVA 与聚丙烯酸酯混合物作为上浆材料。因此，使用水漂洗即可除去这些水溶性杂质，不需要太多的化学物质。莱赛尔纤维/棉机织物经常使用聚乙烯醇、聚丙烯酸酯和淀粉来上浆，这种情况退浆则需要使用酶来去除淀粉。然而，莱赛尔纤维/棉针织物没有上浆工序，因此无须退浆处理。关于洗涤和漂白的预处理，莱赛尔纤维无须必要的洗涤工序，但在需要情况下也可以漂白。一道水洗和过氧化氢漂白可以方便地进行。莱赛尔纤维/Tencel 作为纤维素纤维可以采用所有适用于其

他纤维素纤维的染料进行染色。研究发现，Tencel 的染料用量比棉、莫代尔和黏胶纤维的染料用量更大（Chavan et al.，2004）。

2.3.6 原纤化

莱赛尔纤维及其他再生纤维素纤维在后整理和应用过程中会发生原纤化现象（Udomkichdecha et al.，2002），这会造成面料起球等会使消费者产生不愉快的穿着体验。原纤化是指纤维分裂成细微纤维束并且暴露在纤维表面。当这些暴露在表面的原纤在潮湿状态下发生摩擦时，会在纤维表面形成聚集体（如起球），或像落棉一样脱落。这种情况也会对染整工序造成问题。莱赛尔纤维具有 90% 以上的结晶度，微晶体沿纤维纵向排列形成大面积结晶区，而原纤之间的横向结合力较低（Mortimer et al.，1996；Valldeperas et al.，2000）。在潮湿状态下，水渗入原纤束内部，导致纤维膨胀发生氢键断裂。氢键断裂后，原纤束试图松开，导致纤维分裂，随后原纤暴露在纤维表面。纤维表面的原纤化会导致面料的起球现象和桃皮绒效应的形成。

降低莱赛尔纤维原纤化的方法有如下几种：

（1）控制纺丝参数；

（2）控制后整理参数；

（3）使用交联剂；

（4）酶处理；

（5）使用多功能活性染料和黏合剂染色。

奥地利兰精公司开发的 Tencel® A100 和 TencelLF 系列是 Tencel 纤维非原纤化产品，这两款纤维的开发满足了市场上对于非原纤化 Tencel 纤维的需求，从而更容易染色和整理，通过传统加工工艺可以制备多种精美的纺织品。防止纤维原纤化需要通过纤维在干燥前的加工过程中进行交联，才能获得处理良好的纤维。三丙烯酰胺三氢三嗪（TAHT）交联剂是一种三官能分子，能在高温碱性条件下与羟基反应，其化学性质与活性染料非常相似（Burrow，2005）。TAHT 可以穿透浸水膨胀纤维素的无定形区域，与一个或多个纤维素基团发生反应。当 TAHT 与两个纤维素链上的羟基反应时，使得两个纤维素链结合在一起防止分裂。

2.3.7 莱赛尔纤维的应用

莱赛尔纤维比棉花和黏胶纤维的生产成本更高。随着莱赛尔纤维商业化程度逐渐升高，在更多的服装和家用纺织品中得到应用。莱赛尔短纤维主要用于制作牛仔布、内衣、休闲服、床单和毛巾等。莱赛尔长丝用于生产女装和男士衬衫，能够获得更光滑的外观效果。莱赛尔纤维可以与蚕丝、棉花、人造丝、聚酯、亚麻、锦纶和羊毛等其他多种纤维混纺。目前常用双组分和三组分混纺，例如：65/35 棉/莱赛尔纤维混纺，50/50 棉/莱赛尔纤维混纺，49/46/5 棉/莱赛尔/羊毛混纺等（Kilic et al.，2011）。莱赛尔也用于生产产业用纺织品，如传送带、特殊纸张和医用敷料等。

2.3.8　莱赛尔纤维的生态友好性

除了美观和性能上的优势，莱赛尔纤维还具有非常出色的环保特性。莱赛尔纤维的主要发展目标之一是提供环境影响较小、具有显著可持续性效应的产品。莱赛尔纤维被认为是"可持续的纤维"的原因有以下几点：

（1）为莱赛尔纤维提供原材料的森林资源可以持续性获得修复和补充。

（2）莱赛尔纤维生产过程中使用的其他材料试剂经过再循环利用，损耗极小。

（3）莱赛尔纤维具有生物可降解性。

莱赛尔纤维与黏胶纤维相比具有明显的优势，因为黏胶纤维生产过程会造成大量空气和水污染，使用含钴或锰的催化剂会产生强烈的刺激性气味；而用来制造莱赛尔纤维的化学品是无毒的。另外，纤维素纤维浆粕制备莱赛尔纤维是一个闭环过程，其中溶剂可循环利用并且回收率超过 98%。从环境保护的角度来看，莱赛尔纤维毫无疑问比常用黏胶纤维更具优势。

2.3.9　创新性研究进展

环境友好型生产工艺将莱赛尔纤维与其他类型的再生纤维素纤维区分开，环境友好在未来将变得越来越重要。莱赛尔纤维的许多关键性能均尤于其他纤维素纤维，例如良好的快干性、较高的湿态强力和湿态模量。Tencel® A100 和 Tencel LF 这两种新型非原纤化纤维自问世以来发展迅猛。在未来，主要关注点是降低纤维的生产成本，拓宽新的产品市场。兰精公司新近推出了一款由棉织物废料生产的 Tencel 生态纤维。据介绍，最新一代的 Tencel 纤维融合了回收废棉织物和采用可持续 Tencel 技术制备生态木质纤维这两方面的优点。

2.4 再生羊毛角蛋白纤维

2.4.1 引言

目前，蛋白质基生物材料广泛应用于生物组织工程、再生医学及各种生物医学领域（Altman et al.，2003；Goo et al.，2003）。羊毛加工和家禽产业产生大量含有可持续角蛋白的废弃材料。从羊毛、羽毛和动物角中提取的角蛋白具有生物相容性、细胞活性和生物降解性，从而受到生物医学领域的广泛关注（Yamouchi et al.，1998）。羊毛加工和家禽产业每年产生 300 多万吨角蛋白基生物废料（Mon-crieff，1975）。从羊毛废料中提纯和再生的角蛋白广泛用于生物医学产品（Maclaren et al.，1981；Tonin et al.，2006）。Aluigi 等（2007）认为，交联剂可以提高角蛋白的机械强度和可加工性。Alemdar 等（2005）和 Liu 等（2004）以甲酸作为溶剂制备角蛋白/蚕丝蛋白、角蛋白/锦纶 6 和锦纶 66 共混物，对其结构进行研究（Aluigi et al.，2007）发现角蛋白具有热稳定性以及 β-折叠结构的结构稳定性。由于环境关注和研究发展的驱动关系，目前生态友好型纤维正在慢慢取代合成纤维的应用（Poole et al.，2009）。多项调查结果显示，环境友好型纤维及产品必须满足与非环境友好型产品同样的功能要求和性能水平（Thiry，2007；Anon，2007b），同时还可以增加销售卖点（Anon，2007a）。Reddy 和 Yang（2007）指出，源自于农业植株副产品（玉米秸秆、谷壳、树叶）的再生木质纤维素纤维在未来可能会取代纤维素纤维的应用。羊毛和蚕丝等蛋白质纤维由于具有分子链间的结合键，在干燥条件下具有良好的机械强度（Hearle，2007）。

2.4.2 角蛋白纤维的性质

McKittrick 等（2012）解释了光照、生物攻击、力学形变和水对角蛋白稳定性的影响。从羊毛、家禽羽毛和动物角质中提取的角蛋白制备的薄膜、支架和热塑性片材，可以用于生物医学和工业应用（Dyer et al.，2013；Hill et al.，2010；Aluigi et al.，2007；Li et al.，2012）。羊毛纤维在加热后，角蛋白热稳定性下降，缺乏 α-螺旋结构（Li et al.，2013），并且形成无序结构（Xie et al.，2005；Idris et al.，

2014)。37~75kDa 分子量蛋白消失，20~30kDa 分子量蛋白出现，低分子量蛋白在 180℃高温蒸锅中发生降解（Ghosh et al.，2014；Bertini et al.，2013）。Ghosh 等（2014）对离子液体溶剂处理羊毛角蛋白的结构和性能进行研究，结果表明，离子液体改善了羊毛角蛋白的热加工性能，有可能成为工业用生物树脂的生产途径。Rouse 和 Dyke（2010）、Aluigi 等（2008）以及众多科学家将羊毛角蛋白材料用于药物输送、伤口愈合、组织工程和各种生物医学领域。

Wei 等（2013）研究了 pH 和助溶剂对还原法处理羊毛纤维溶解率的影响，结果发现高 pH（>12）和高金属盐浓度对羊毛纤维有降解作用。氯化-1-烯丙基-3-甲基咪唑离子液体 ［AMM］⁺Cl⁻可以促进羊毛角蛋白纤维溶解性。经过再生角蛋白膜结构的研究发现，结构中的二硫键被破坏、α-螺旋结构缺失和热稳定性降低（Li 等，2012）。纺织行业中羊毛短纤维和粗纤维的回收及有效利用非常重要，否则废弃纤维会污染环境（Lv et al.，2010）。由于羊毛角蛋白具有氢键、离子键、二硫键等高度交联化学键，因此呈现三维结构（Hames et al.，2003）。蛋白质纤维性能受分子间键交联作用的影响（Ziabicki，1967）。羽毛角蛋白含有 β-折叠结构，并富含半胱氨酸和疏水基，基于材料本身固有的生物相容性、生物可降解性、无毒性和促进伤口愈合性（Yin，2007；Halford，2004；Schrooyen et al.，2001），被广泛应用于薄膜材料（Yin et al.，2007；Tanabe et al.，2004）、涂层材料（Schrooyen et al.，2001）和复合材料（Barone et al.，2005）。从羽毛和羊毛纤维中提取的角蛋白具有高分子量、高剪切模量（Gillespie，1990）、高半胱氨酸含量（Bradbury et al.，1967）和螺旋结构（Plowman，2003）。

2.4.3　创新性研究进展

Zeng 和 Qi（2011）指出，氯化锂、氯化钙等助溶剂可以提高羊毛纤维中角蛋白的回收率或生产率。离子液体因其出色的热稳定性和耐化学腐蚀性，除了应用于高分子改性和聚合过程外，目前还可用作角蛋白生物材料的绿色溶剂（Winterton，2006；Kubisa，2005；Sun et al.，2009；Xie et al.，2005；Phillips et al.，2004）。研究证明，羊毛蛋白和聚丙烯腈纤维混纺织物具有较好的回潮率，体现了与皮肤良好的生物相容性。角蛋白高分子可用于开发新型生物材料，如生物膜、生物复合材料和凝胶，这些材料可应用于药物传递系统和组织工程支架等生物医学领域（Silva et al.，2014）。

2.5 壳聚糖纤维

2.5.1 引言

生物可降解高分子材料在当下受到越来越多的关注，其来源也多种多样。过去，藻类细胞壁、昆虫外骨架、蟹壳、羽毛、人的头发等多种自然资源废料被用作制备生物可降解高分子的原料。在具有生物可降解特性的生物高分子材料中，壳聚糖因其生物可降解、无毒、无致敏、良好的生物相容性等独特性质而被广泛应用于生物医学和制药领域（Anitha et al.，2014；Ahmed et al.，2016；Shanmugasundaram，2012；Abd Elgadir et al.，2015）。甲壳素和壳聚糖是从虾、蟹废料中提取的天然生物高分子（Dutta et al.，2004）。甲壳素脱去乙酰基形成壳聚糖，甲壳素和壳聚糖分别由 $\beta-$（1，4）$-2-$乙酰氨基$-2-$脱氧$-D-$葡萄糖和 $\beta-$（1→4）$-2-$氨基$-2-$脱氧$-D-$葡萄糖组成，形成过程如图 2.1 所示（Dutta et al.，2004）。甲壳素是一种蕴藏丰富的天然多糖物质，在地球上含量仅次于纤维素（Prashanth et al.，2007）。1859 年，Rouget 在氢氧化钾溶液中煮沸甲壳素溶液时首次发现壳聚糖（Muzzarelli，1977）。Ribgy 在 1934 年获得两项壳聚糖专利，一项是用甲壳素生产壳聚糖的方法，另一项是用壳聚糖制备纤维和薄膜的方法。Clark 和 Smith（1936）首次发布了取向性良好的壳聚糖纤维 X 射线图片。Salmon 和 Hudson（1997）研究发现，甲壳素的 C2 位置上具有乙酰胺基团，其纯度、形态和分子量均取决于其天然结构。

2.5.2 壳聚糖的性质

壳聚糖是一种阳离子聚合物，通过化学改性（Li et al.，1992）易于转化成不同形式，如薄膜、纤维（纳米纤维和超细纤维）、凝胶、膜材料等。壳聚糖支架具有多孔性、柔韧性、易加工性和生物相容性等优点，也具有机械强度差和不稳定等缺点（Martino et al.，2005）。不过，通过与海藻酸盐高分子（Li et al.，2005）、聚乳酸羟基乙酸共聚物（Jiang et al.，2006）进行混合可以提高支架的机械强度。壳聚糖可溶于酸性溶剂（Leedy et al.，2011），含有最低数量的 $N-$乙酰$-2-$氨基$-2-$

脱氧-D-葡萄糖基团（Khor et al.，2003）。在甲壳素和壳聚糖高分子中发现了由 β-1，4 连接而成的无支链稳定结构（Anitha et al.，2014）。Muzzarelli 和 Muzzarelli（2005）发现壳聚糖生物高分子上的游离氨基具有抑制细菌和真菌的效果。甲壳素的溶解性较差，限制了其实际应用。壳聚糖可用于去除废水和废液中的重金属（Rinaudo，2006）。壳聚糖能够与天然阴离子和合成物质，如蛋白质、DNA 和带负电荷的聚丙烯酸高分子等形成离子复合物（Pavinatto et al.，2010；Takahashi et al.，1990；Kim et al.，2007；Croisier et al.，2013）。由于氨基和羟基的存在，这些多糖聚合物能够与其他物质形成稳定的共价键（Croisier et al.，2013）。

2.5.3　壳聚糖纤维的应用

2.5.3.1　伤口愈合（薄膜及支架）

在非织造布、海绵和薄膜中添加壳聚糖材料可用于提高伤口愈合效率。壳聚糖高分子有多种应用形式，如棉型纤维（Ueno et al.，1999）、壳聚糖—海藻酸钠压电 PEC 膜（Wang et al.，2002）、壳聚糖/胶原蛋白支架（Ma et al.，2003）、胶原壳聚糖膜（Guo et al.，2011）、壳聚糖涂层棉纱布（Shanmugasundaram et al.，2012b），聚乳酸绷带（Shanmugasundaram et al.，2012a）和竹纤维绷带（Shanmugasundaram et al.，2011）、壳聚糖—纳米纤维蛋白绷带（Sudheesh Kumar et al.，2013）、胶原—壳聚糖基质凝胶（Judith et al.，2012）和用于愈合正常创面、烧伤创面和切割创面的壳聚糖—明胶支架。静电纺纤维非织造结构在创面愈合过程中能促进细胞附着和增殖（Zhou et al.，2008）。壳聚糖水凝胶是可以促进创面愈合的抗菌材料（Fujita et al.，2004）。有科研团队开发了用于伤口愈合、易于剥离的壳聚糖绷带（Chen et al.，2005a，b）。磺胺嘧啶银（烧伤宁）可以释放壳聚糖膜促进伤口愈合（Fwu et al.，2003）。壳聚糖添加到药品中可以获得愈合创伤的效果（Joshua et al.，2008）。不过，Hani 和 Satya（2013）提出壳聚糖促进伤口愈合是一个复杂的过程。壳聚糖/肝磷脂复合物具有有效治愈创面的能力（Kweon et al.，2003）。

2.5.3.2　药物传递/释放系统

甲壳素、壳聚糖及其混合物可用于持续性给药系统（Shilpa et al.，2003；Felt et al.，1998）、药物控释系统（Surini et al.，2003；Bernardo et al.，2003）。Thacharodi 和 Rao 研发了用于硝苯地平（1993，1996）和盐酸普萘洛尔（Thacharodi et al.，1995）给药系统的壳聚糖膜。用于输送伤口愈合抗生素药物的壳聚糖薄膜也已经研发出来（Noel et al.，2008）。Lopez 等（1998）发明了可以用于口腔给药的壳聚糖/乙基纤维素双层结构膜。壳聚糖/羟基磷灰石支架可有效释放地塞米松来治疗过敏性疾病（Tigli et al.，2009），并可控制生长因子的释放以促进伤口愈合过程中的细胞生长（Ho et al.，2009）。

2.5.3.3　组织工程与再生医学

Zhang 等（2001）研发了用于组织工程的微孔壳聚糖/磷酸钙复合支架。多名科学家已经研发出用于骨组织工程的多孔支架（Jarry et al.，2001；Madihally et al.，1999a，b）、复合支架（Kast et al.，2003）和人造皮肤（Mucha，1997）。Toskas 等（2013）制备出用于再生医学领域的纯壳聚糖超细纤维和织物。壳聚糖与聚己酸内酯（Wu et al.，2010）、胶原蛋白（Shi et al.，2009）、聚丁二酸丁二醇酯（Shi et al.，2009）、羟基磷灰石（Anitha et al.，2014）、丝素蛋白（Wang et al.，2007）、碳纳米管（Venkatesan et al.，2011）和羟基磷灰石/CMC 等复合材料支架用于再生骨组织（Jiang et al.，2008）和各种生物医学应用。多名学者针对壳聚糖支架在伤口愈合领域的应用发表了详细的文献综述（Ahmed et al.，2016；Croisier et al.，2013；Rinaudo，2006；Anitha et al.，2014）。

2.5.3.4　水处理

Muzzarelli（1973）报道了壳聚糖高分子与废水中有害金属离子结合成螯合物的有效性及其性能，认为它是对人类安全的聚合物材料（Hirano et al.，1989）。壳聚糖可用于去除酸性介质中金属离子的吸附剂（Weltrowski et al.，1996）以及去除废水中颜料（Bhavani et al.，1999）和污水处理（Sridhari et al.，2000）的吸收剂。它还可以用于去除废水中的石油，去除饮用水中的砷和饮用水提纯（Dutta et al.，2004）。Hirano 等（1989）使用壳聚糖从海水、河水和湖水中回收铀。No 和 Meyers（1989）将壳聚糖作为凝结剂从废水中回收了氨基酸。Crini（2005）将壳聚糖作为吸附剂用于废水处理。

2.5.3.5　其他产业

Wu 等（1978）提出壳聚糖具有去除奶酪乳清中蛋白的能力。用1%的壳聚糖溶液处理纸张可以提高纸张的抗折强度和耐折性（Muzzarelli，1983）。在相纸上附加壳聚糖涂层可以改善抗静电性能（Aizawa et al.，1988）。Tokura 等（1988）利用壳聚糖及其衍生物制备出抗凝血药物。研究人员已经研发出壳聚糖抗凝膜（Chandy et al.，1989）。在药物中加入壳聚糖粉末和溶液可用于降低血液中的胆固醇（Muzzareli，1985）。

2.5.4　创新性研究进展

德国科德宝高性能材料集团是全球领先的创新技术纺织品制造商之一，产品包括服装、汽车、建筑材料、卫生、医疗等领域。他们开发了创新产品包括基于壳聚糖纤维的抗菌泡沫和非织造布，可用于压疮和糖尿病足等伤口愈合。德国特鲁瑟塔尔复合材料股份有限公司研发的 Chitoderm® 壳聚糖敷料（超级吸收剂和抑菌壳聚糖涂层）可用于治疗轻度到重度渗出性伤口、急性伤口和慢性伤口。印度 Axio 医疗科技公司采用创新技术对壳聚糖进行提纯，生产出治疗慢性创伤的高性能医用敷料 Axiostat®。

2.6　结论

可持续发展是未来纤维市场的重要驱动力。纤维在生产、加工和废弃过程中的环境友好性将决定这些材料的市场接受程度。莱赛尔再生纤维素纤维的加工工艺取得了巨大成功，Tencel 纤维已经占据较大的市场份额。许多再生黏胶纤维制造商已经转向生产工艺更环保的产品。PLA 在塑料和复合材料的应用需求正在增长。然而，这种新型纤维在纺织方面的应用还有待探索。PLA 纤维的生产工艺需要进一步改进，生产成本需要进一步降低。目前，全世界只有少数制造商可以生产 PLA 纤维。PLA 纤维在未来具有取代聚酯纤维的巨大潜力。众多学者研究再生羊毛角蛋白纤维和壳聚糖高分子及纤维，结果显示这些再生纤维在特殊应用领域具有良好的潜力。然而，再生纤维能否大量供应，能否适合某些特殊的最终用途以及成本方面问题都决定了这些纤维的市场接受程度。

参考文献

Abd Elgadir M,Uddin M S,Ferdosh S,et al. Impact of chitosan composites and chitosan nanoparticle composites on various drug delivery systems:A review[J]. Journal of food and drug analysis,2015,23(4):619-629.

Ahmed S,Ikram S. Chitosan Based Scaffolds and Their Applications in Wound Healing[J]. Achievements in the Life Sciences,2016,10(1):27-37.

Aizawa Y,Noda T. Antistatic photographic paper[J]. Jpn. KokaiTokkyoKoho JP. 1988,63:189.

Alemdar A,Iridag Y,Kazanci M. Flow behavior of regenerated wool-keratin proteins in different mediums[J]. International journal of biological macromolecules,2005,35(3-4):151-153.

Altman G H,Diaz F,Jakuba C,et al. Silk-based biomaterials[J]. Biomaterials,2003,24(3):401-416.

Aluigi A,Zoccola M,Vineis C,et al. Study on the structure and properties of wool keratin regenerated from formic acid[J]. International journal of biological macromolecules,2007,41(3):266-273.

Aluigi A,Vineis C,Ceria A,et al. Composite biomaterials from fibre wastes:Characterization of wool-cellulose acetate blends[J]. Composites Part A:Applied Science and Manufacturing,2008,39(1):126-132.

Anitha A,Sowmya S,Kumar P T S,et al. Chitin and chitosan in selected biomedical applications [J]. Progress in Polymer Science,2014,39(9):1644-1667.

Anon. Green textiles in demand WSA performance and sports materials[M]. Liverpool:World Trades Publishing,2007a:35-37.

Anon. How green is becoming the new black in the textile chains,WSA performance and sports materials[M]. Liverpool:World Trades Publishing,2007b:35-37.

Baig G A,Carr C M. Polish J Chem Tech[J]. 2014,16(3):45-50.

Barone J,Schmidt W. Comps Sci Technol[J]. 2005,65:173-181.

Bernardo M V,Blanco M D,Sastre R L,et al. Sustained release of bupivacaine from devices based on chitosan[J]. Il Farmaco,2003,58(11):1187-1191.

Bertini F,Canetti M,Patrucco A,et al. Wool keratin-polypropylene composites:Properties and thermal degradation[J]. Polymer degradation and stability,2013,98(5):980-987.

Bhavani K D,Dutta P K. Physico-chemical adsorption properties on chitosan for dyehouse effluent[J]. American Dyestuff Reporter,1999,88(4):53-58.

Bradbury J H,Chapman G V,King N L R. Chemical composition of the histological components of wool. In Crewther WG (ed) Symposium on fibrous proteins Australia[M]. Sydney:Butterworths,1967:368-372.

Burrow T R. Recent advances in chemically treated lyocell fibers[J]. Lenzinger Berichte,2005,
84:110-115.

Chandy T,Sharma C P. Bioactive molecules immobilized to liposome modified albumin-blended
chitosan membranes—Antithrombotic and permeability properties[J]. Journal of colloid and
interface science,1989,130(2):331-340.

Chavan R B,Patra A K. Development and processing of lyocell[J]. Indian Journal of Fibre &
Textile Research,2004,29(4):483-492.

Chen K S,Ku Y A,Lee C H,et al. Immobilization of chitosan gel with cross-linking reagent on
PNIPAAm gel/PP nonwoven composites surface[J]. Materials Science and Engineering:C,
2005,25(4):472-478.

Chen S,Wu G,Zeng H. Preparation of high antimicrobial activity thiourea chitosan-Ag+ complex
[J]. Carbohydrate Polymers,2005,60(1):33-38.

Clark G L,Smith A F. X-ray Diffraction Studies of Chitin,Chitosan,and Derivatives[J]. The
Journal of Physical Chemistry,2002,40(7):863-879.

Crini G. Recent developments in polysaccharide - based materials used as adsorbents in
wastewater treatment[J]. Progress in polymer science,2005,30(1):38-70.

Croisier F,Jérôme C. Chitosan-based biomaterials for tissue engineering[J]. European polymer
journal,2013,49(4):780-792.

Drumright R E,Gruber P R,Henton D E. Polylactic acid technology[J]. Advanced materials,
2000,12(23):1841-1846.

Dutta P K,Dutta J,Tripathi V S. Chitin and chitosan:Chemistry,properties and applications
[J]. Journal of Scientific & Industrial Research,2004,63:20-31.

Dyer J M,Ghosh A. Keratin nanomaterials:development and applications[A]. In:Aliofkhazraei
M (ed) Handbook of functional nanomaterials. Properties and commercialization vol 4[C].
New York:Nova Publishers,2013.

Farrington D W,Lunt J,Davies S,et al. Poly(lactic acid) fibers[J]. Biodegradable and Sustain-
able Fibres,2005(28):191-220.

Felt O,Buri P,Gurny R. Chitosan:a unique polysaccharide for drug delivery[J]. Drug develop-
ment and industrial pharmacy,1998,24(11):979-993.

Fujita M,Kinoshita M,Ishihara M,et al. Inhibition of vascular prosthetic graft infection using a photocrosslinkable chitosan hydrogel[J]. Journal of Surgical Research, 2004, 121 (1):135−140.

Mi F L, Wu Y B, Shyu S S, et al. Asymmetric chitosan membranes prepared by dry/wet phase separation: a new type of wound dressing for controlled antibacterial release[J]. Journal of Membrane Science, 2003, 212(1−2):237−254.

Ghosh A, Clerens S, Deb−Choudhury S, et al. Thermal effects of ionic liquid dissolution on the structures and properties of regenerated wool keratin[J]. Polymer degradation and stability, 2014, 108:108−115.

Gillespie J M. The proteins of hair and other hard α−keratins[M]//Cellular and molecular biology of intermediate filaments. Springer, Boston, MA, 1990:95−128.

Goo H C, Hwang Y S, Choi Y R, et al. Development of collagenase−resistant collagen and its interaction with adult human dermal fibroblasts[J]. Biomaterials, 2003, 24(28):5099−5113.

Guo R, Xu S, Ma L, et al. The healing of full−thickness burns treated by using plasmid DNA encoding VEGF−165 activated collagen−chitosan dermal equivalents[J]. Biomaterials, 2011, 32 (4):1019−1031.

Guruprasad R, Vivekanandan M V, Arputharaj A, et al. Development of cotton−rich/polylactic acid fiber blend knitted fabrics for sports textiles[J]. Journal of Industrial Textiles, 2015, 45 (3):405−415.

Halford B. Going beyond feather dusters[J]. Chemical and Engineering News. 2004, 82(36):36−39.

Hames B D, Hooper N M. Biochemistry[M]. Beijing: Science Press, 2003.

Sinno H, Prakash S. Complements and the wound healing cascade: an updated review[J]. Plastic Surgery International, 2013, 2013:146764.

Hearle J W S. Protein fibers: structural mechanics and future opportunities[J]. Journal of materials science, 2007, 42(19):8010−8019.

Hill P, Brantley H, Van Dyke M. Some properties of keratin biomaterials: kerateines[J]. Biomaterials, 2010, 31(4):585−593.

Hirano S, Seino H, Akiyama Y, et al. Biocompatibility of chitosan by oral and intravenous administration[J]. Polymer Engineering and Science. 1989, 59:897−901.

Ho Y C, Mi F L, Sung H W, et al. Heparin−functionalized chitosan−alginate scaffolds for controlled release of growth factor[J]. International journal of pharmaceutics, 2009, 376(1−2):

69-75.

Idris A, Vijayaraghavan R, Rana U A, et al. Dissolution and regeneration of wool keratin in ionic liquids[J]. Green Chemistry, 2014, 16(5): 2857-2864.

Jarry C, Chaput C, Chenite A, et al. Effects of steam sterilization on thermogelling chitosan-based gels[J]. Journal of Biomedical Materials Research: An Official Journal of The Society for B o-materials, The Japanese Society for Biomaterials, and The Australian Society for Biomaterials and the Korean Society for Biomaterials, 2001, 58(1): 127-135.

Jiang T, Abdel-Fattah W I, Laurencin C T. In vitro evaluation of chitosan/poly(lactic acid-glycolic acid)sintered microsphere scaffolds for bone tissue engineering[J]. Biomaterials, 2006, 27(28): 4894-4903.

Jiang L, Li Y, Wang X, et al. Preparation and properties of nano-hydroxyapatite/chitosan/carboxymethyl cellulose composite scaffold[J]. Carbohydrate Polymers, 2008, 74(3): 680-684.

Boateng J S, Matthews K H, Stevens H N E, et al. Wound healing dressings and drug delivery systems: a review[J]. Journal of pharmaceutical sciences, 2008, 97(8): 2892-2923.

Judith R, Nithya M, Rose C, et al. Biopolymer gel matrix as acellular scaffold for enhanced dermal tissue regeneration[J]. Biologicals, 2012, 40(4): 231-239.

Kast C E, Frick W, Losert U, et al. Chitosan-thioglycolic acid conjugate: a new scaffold material for tissue engineering? [J]. International journal of pharmaceutics, 2003, 256(1-2): 183-189.

Khor E, Lim L Y. Implantable applications of chitin and chitosan[J]. Biomaterials, 2003, 24(13): 2339-2349.

Kilic M, Okur A. The properties of cotton-Tencel and cotton-Promodal blended yarns spun in different spinning systems[J]. Textile Research Journal, 2011, 81(2): 156-172.

Kim T H, Jiang H L, Jere D, et al. Chemical modification of chitosan as a gene carrier in vitro and in vivo[J]. Progress in polymer science, 2007, 32(7): 726-753.

Kubisa P. Ionic liquids in the synthesis and modification of polymers[J]. Journal of Polymer Science Part A: Polymer Chemistry, 2005, 43(20): 4675-4683.

Kweon D K, Song S B, Park Y Y. Preparation of water-soluble chitosan/heparin complex and its application as wound healing accelerator[J]. Biomaterials, 2003, 24(9): 1595-1601.

Leedy M R, Martin H J, Norowski P A, et al. Use of chitosan as a bioactive implant coating for bone-implant applications[M]//Chitosan for biomaterials II. Springer, Berlin, Heidelberg,

2011:129-165.

Li R, Wang D. Preparation of regenerated wool keratin films from wool keratin-ionic liquid solutions[J]. Journal of applied polymer science,2013,127(4):2648-2653.

Li Q, Dunn E T, Grandmaison E W, et al. Applications and properties of chitosan[J]. Journal of Bioactive and Compatible Polymers,1992,7(4):370-397.

Li Z, Ramay H R, Hauch K D, et al. Chitosan-alginate hybrid scaffolds for bone tissue engineering[J]. biomaterials,2005,26(18):3919-3928.

Li Q, Zhu L, Liu R, et al. Biological stimuli responsive drug carriers based on keratin for triggerable drug delivery[J]. Journal of Materials Chemistry,2012,22(37):19964-19973.

Liu Y, Shao Z, Zhou P, Chen X (2004) Polymer 45:7705-7710.

Remuñán-López C, Portero A, Vila-Jato J L, et al. Design and evaluation of chitosan/ethylcellulose mucoadhesive bilayered devices for buccal drug delivery[J]. Journal of controlled release,1998,55(2-3):143-152.

J. Lunt, J. Bone. Properties and dyeability of fibers and fabrics produced from polylactide (PLA) polymers[J]. Aatcc Review,2001,1(9):20-23.

Lv L H, Yu Y L, and Zhou J. Establishment of data base of evaluation system on recycling of waste textile fiber material[J]. Tekstil,2010,59(2):201-207.

Ma L, Gao C, Mao Z, et al. Collagen/chitosan porous scaffolds with improved biostability for skin tissue engineering[J]. Biomaterials,2003,24(26):4833-4841.

Maclaren J A, Milligan B. Wool science:The chemical reactivity of the wool fibre [M]. New South Wales:Science Press,1981(1):1-18.

Madihally S V, Matthew H W T. Porous chitosan scaffolds for tissue engineering[J]. Biomaterials,1999,20(12):1133-1142.

Di Martino A, Sittinger M, Risbud M V. Chitosan:a versatile biopolymer for orthopaedic tissue-engineering[J]. Biomaterials,2005,26(30):5983-5990.

McKittrick J, Chen P Y, Bodde S G, et al. The structure,functions,and mechanical properties of keratin[J]. Jom,2012,64(4):449-468.

Moncrieff R W. Man-made fibres[M]. London:Butterworths Scientific,1975(11):231.

Mortimer S A, Peguy A A. Methods for reducing the tendency of lyocell fibers to fibrillate[J]. Journal of applied polymer science,1996,60(3):305-316.

Mucha M. Rheological characteristics of semi-dilute chitosan solutions[J]. Macromolecular

Chemistry and Physics,1997,198(2):471-484.

Muzzarelli R A A. Natural Chelating Polymers[M]. Toronto:Pergamon of Canada Ltd. ,1973:
83-95.

Muzzarelli R A A. Chitin[M]. New York:Pergamon Press,1977.

Muzzarelli R A A. Chitinand its derivatives:new trends of applied research[J]. Carbohydrate
Polymers,1983,3(1):53-75.

Muzzareli R A A. The polysaccharides[A]. In:Aspinall GO (ed)[C]. London:Academic Press
Inc. ,1985(3):417-451.

Muzzarelli R A A,Muzzarelli C. Chitosan chemistry:relevance to the biomedical sciences[M]//
Polysaccharides I. Springer,Berlin,Heidelberg,2005:151-209.

Nakumara T. International Textile Bulletin,2003,4:68.

No H K,MEYERS S P. Recovery of amino acids from seafood processing wastewater with a dual chi-
tosan-based ligand-exchange system[J]. Journal of Food Science,1989,54(1):60-62.

Noel S P,Courtney H,Bumgardner J D,et al. Chitosan Films:A Potential Local Drug Delivery
System for Antibiotics [J]. Clinical Orthopaedics& Related Research, 2008, 466 (6):
1377-1382.

Parmar M S,Singh M,Tiwari R K,et al. Study on flame retardant properties of poly (lactic acid)
fibre fabrics [J]. Indian Journal of Fibre& Textile Research (IJFTR), 2014, 39 (3):
268-273.

Pavinatto F J,Caseli L,Oliveira Jr O N. Chitosan in nanostructured thin films[J]. Biomacromol-
ecules,2010,11(8):1897-1908.

Phatthalung I N,Sae-be P,Suesat J,et al. Investigation of the optimum pretreatment conditions
for the knitted fabric derived from PLA/cotton blend[J]. International Journal of Bioscience,
Biochemistry and Bioinformatics,2012,2(3):179-182.

Phillips D M,Drummy L F,Conrady D G,et al. Dissolution and regeneration of Bombyx mori silk
fibroin using ionic liquids[J]. Journal of the American chemical society, 2004, 126(44):
14350-14351.

Plowman J E. Proteomic database of wool components[J]. Journal of Chromatography B,2003,
787(1):63-76.

Poole A J,Church J S,Huson M G. Environmentally sustainable fibers from regenerated protein
[J]. Biomacromolecules,2009,10(1):1-8.

Prashanth K V H, Tharanathan R N. Chitin/chitosan: modifications and their unlimited application potential-an overview[J]. Trends in food science & technology, 2007, 18(3): 117-131.

Reddy N, Yang Y. Structure and properties of chicken feather barbs as natural protein fibers [J]. Journal of Polymers and the Environment, 2007, 15(2): 81-87.

Rigby G W. Substantially undegraded deacetylated chitin and process for producing the same: U. S. Patent 2,040,879[P]. 1936-5-19.

Rinaudo M. Chitin and chitosan: properties and applications[J]. Progress in polymer science, 2006, 31(7): 603-632.

Rouse J G, Dyke MV (2010) Materials 3: 999.

Salmon S, Hudson S M. Crystal morphology, biosynthesis, and physical assembly of cellulose, chitin, and chitosan[J]. Journal of Macromolecular Science, Part C: Polymer Reviews, 1997, 37 (2): 199-276.

Schrooyen P M M, Dijkstra P J, Oberthür R C, et al. Partially carboxymethylated feather keratins. 2. Thermal and mechanical properties of films[J]. Journal of agricultural and food chemistry, 2001, 49(1): 221-230.

Shanmugasundarama O L. Development and characterization of cotton and organic cotton gauze fabric coated with biopolymers and antibiotic drugs for wound healing[J]. Indian Journal of Fibre & Textile Research, 2012, 37: 146-150.

Shanmugasundaram O L, Gowda R V M. Development and characterization of bamboo gauze fabric coated with polymer and drug for wound healing[J]. Fibers and Polymers, 2011, 12(1): 15-20.

Shanmugasundaram O L, Mahendra Gowda R V. Development and characterization of polylactic acid bandage coated with biopolymers and drugs for wound healing[J]. Journal of The Textile Institute, 2012, 103(5): 508-516.

Shanmugasundaram O L, Mahendra Gowda R V. Development and characterization of cotton, organic cotton flat knit fabrics coated with chitosan, sodium alginate, calcium alginate polymers, and antibiotic drugs for wound healing[J]. Journal of Industrial Textiles, 2012, 42(2): 156-175.

Shi S, Cheng X, Wang J, et al. RhBMP-2 microspheres-loaded chitosan/collagen scaffold enhanced osseointegration: an experiment in dog[J]. Journal of biomaterials applications, 2009, 23(4): 331-346.

Shilpa A, Agrawal S S, Ray A R. Controlled delivery of drugs from alginate matrix[J]. Journal of Macromolecular Science, Part C: Polymer Reviews, 2003, 43(2):187-221.

Silva N H C S, Vilela C, Marrucho I M, et al. Protein-based materials: from sources to innovative sustainable materials for biomedical applications[J]. Journal of Materials Chemistry B, 2014, 2(24):3715-3740.

Sridhari T R, Dutta P K. Synthesis and characterization of maleilated chitosan for dye house effluent[J]. Indian Journal of Chemical Technology, 2000, 7(4):198-201.

Kumar P T S, Raj N M, Praveen G, et al. In vitro and in vivo evaluation of microporous chitosan hydrogel/nanofibrin composite bandage for skin tissue regeneration[J]. Tissue Engineering Part A, 2013, 19(3-4):380-392.

Sun P, Liu Z T, Liu Z W. Particles from bird feather: A novel application of an ionic liquid and waste resource[J]. Journal of hazardous materials, 2009, 170(2-3):786-790.

Surini S, Akiyama H, Morishita M, et al. Release phenomena of insulin from an implantable device composed of a polyion complex of chitosan and sodium hyaluronate[J]. Journal of controlled Release, 2003, 90(3):291-301.

Takahashi T, Takayama K, Machida Y, et al. Characteristics of polyion complexes of chitosan with sodium alginate and sodium polyacrylate[J]. International Journal of Pharmaceutics, 1990, 61(1-2):35-41.

Tanabe T, Okitsu N, Yamauchi K. Fabrication and characterization of chemically crosslinked keratin films[J]. Materials Science and Engineering: C, 2004, 24(3):441-446.

Thacharodi D, Rao K P. Release of nifedipine through crosslinked chitosan membranes[J]. International journal of pharmaceutics, 1993, 96(1-3):33-39.

Thacharodi D, Rao K P. Collagen-chitosan composite membranes for controlled release of propranolol hydrochloride[J]. International journal of pharmaceutics, 1995, 120(1):115-118.

Thacharodi D, Rao K P. Rate-controlling biopolymer membranes as transdermal delivery systems for nifedipine: development and in vitro evaluations[J]. Biomaterials, 1996, 17(13):1307-1311.

Thiry M C. If the environment is important[J]. AATCC review, 2007:21-28.

Tığlı R S, Akman A C, Gümüşderelıoğlu M, et al. In vitro release of dexamethasone or bFGF from chitosan/hydroxyapatite scaffolds[J]. Journal of Biomaterials Science, Polymer Edition, 2009, 20(13):1899-1914.

Lakshmanan S O,Raghavendran G. Regenerated Sustainable Fibres[M]//Sustainable Innovations in Textile Fibres. Springer,Singapore,2018:31−52.

Tonin C,Zoccola M,Aluigi A,et al. Study on the conversion of wool keratin by steam explosion [J]. Biomacromolecules,2006,7(12):3499−3504.

Toskas G,Brünler R,Hund H,et al. Pure chitosan microfibres for biomedical applications[J]. Autex Research Journal,2013,13(4):134−140.

Udomkichdecha W,Chiarakorn S,Potiyaraj P. Relationships between fibrillation behavior of Lyocell fibers and their physical properties[J]. Textile research journal, 2002, 72 (11): 939−943.

Ueno H,Yamada H,Tanaka I,et al. Accelerating effects of chitosan for healing at early phase of experimental open wound in dogs[J]. Biomaterials,1999,20(15):1407−1414.

Valldeperas J, Carrillo F, Lis M J, et al. Kinetics of enzymatic hydrolysis of lyocell fibers [J]. Textile research journal,2000,70(11):981−984.

Venkatesan J,Qian Z J,Ryu B M,et al. Preparation and characterization of carbon nanotube−grafted−chitosan−natural hydroxyapatite composite for bone tissue engineering[J]. Carbohydrate Polymers,2011,83(2):569−577.

Wang L,Li C. Preparation and physicochemical properties of a novel hydroxyapatite/chitosan−silk fibroin composite[J]. Carbohydrate Polymers,2007,68(4):740−745.

Wang L,Khor E,Wee A,et al. Chitosan−alginate PEC membrane as a wound dressing:Assessment of incisional wound healing[J]. Journal of Biomedical Materials Research:An Official Journal of The Society for Biomaterials,The Japanese Society for Biomaterials,and The Australian Society for Biomaterials and the Korean Society for Biomaterials, 2002, 63 (5): 610−618.

Wei J,Liu H,Xu S J,et al. Preparation and characterization of regenerated wool protein PAN blended fibers[C]. Advanced Materials Research. Trans Tech Publications Ltd,2013,690: 1461−1464.

Weltrowski M,Martel B,Morcellet M. Chitosan N−benzyl sulfonate derivatives as sorbents for removal of metal ions in an acidic medium[J]. Journal of applied polymer science,1996,59 (4):647−654.

White P,Hayhurst M,Taylor J,et al. Lyocell fibres−Biodegradable and Sustainable Fibres−5 [J]. Biodegradable & Sustainable Fibres,2005:157−190.

Winterton N. Solubilization of polymers by ionic liquids[J]. Journal of Materials Chemistry, 2006,16(44):4281-4293.

Wu A C M, Bough W A, Holmes M R, et al. Influence of manufacturing variables on the characteristics and effectiveness of chitosan products. III. Coagulation of cheese whey solids[J]. Biotechnology and Bioengineering,1978,20(12):1957-1966.

Wu H, Wan Y, Dalai S, et al. Response of rat osteoblasts to polycaprolactone/chitosan blend porous scaffolds[J]. Journal of Biomedical Materials Research Part A: An Official Journal of The Society for Biomaterials, The Japanese Society for Biomaterials, and The Australian Society for Biomaterials and the Korean Society for Biomaterials,2010,92(1):238-245.

Xie H, Li S, Zhang S. Ionic liquids as novel solvents for the dissolution and blending of wool keratin fibers[J]. Green Chemistry,2005,7(8):606-608.

Yamouchi K, Mniwa M, Mori T. Cultivation of fibroblast cells on keratin-coated substrata[J]. Journal of Biomaterials Science, Polymer Edition,1998,9(3):259-270.

Yin J, Rastogi S, Terry A E, et al. Self-organization of oligopeptides obtained on dissolution of feather keratins in superheated water[J]. Biomacromolecules,2007,8(3):800-806.

Zeng C H, Qi L. Research on dissolving used wool by combining reduction and metallic salt methods[J]. Journal of Textile Research. 2011,32(11):12-16.

Zhang Y, Zhang M. Synthesis and characterization of macroporous chitosan/calcium phosphate composite scaffolds for tissue engineering[J]. Journal of Biomedical Materials Research: An Official Journal of The Society for Biomaterials, The Japanese Society for Biomaterials, and The Australian Society for Biomaterials and the Korean Society for Biomaterials,2001,55(3):304-312.

Zhou Y, Yang D, Chen X, et al. Electrospun water-soluble carboxyethyl chitosan/poly (vinyl alcohol) nanofibrous membrane as potential wound dressing for skin regeneration[J]. Biomacromolecules,2008,9(1):349-354.

Ziabicki A. Physical fundamentals of the fibre-spinning processes[A]. Man-made fibers[M]. New York: Interscience Publishers,1967.

第3章 秋葵茎纤维

Emine Dilara Kocak，NigarMerdan，IlkerMistik 和 BurcuYılmazSahinbaskan

摘要：科学家一直在寻找生物可降解的天然材料来代替长时间无法生物降解的合成材料。特别是在汽车、航天、家具、建筑、医疗和包装等行业，合成纤维复合材料使用量巨大。因此，人们对可降解生物复合材料的兴趣日益增加。近年来，亚麻、大麻、红麻和黄麻等许多茎纤维已经开始替代传统的复合材料增强纤维。由于农作物的茎秆废弃物具有可持续性、可回收性、可生物降解性、可再生性和经济性等特点，从农业废料中提取纤维已经成为当下研究的热点。基于植物废料的茎纤维可以根据植物来源不同而呈现出不同的特性。秋葵是一种农作物，由于耐旱性较好以及对水分的需求量很低，因此易于种植。秋葵茎纤维取自于秋葵植株（秋葵属）收获后留在地里的茎秆废料。秋葵茎纤维的木质素含量较低（7.1%），不易发黄和光化学降解。它的分子量较高，因此色牢度和强度等性能较好。秋葵茎纤维的纤维素含量较高（67.5%），其物理和化学性质与其他传统茎纤维相似。针对复合材料生产中纤维的可用性而言，纤维素是天然纤维中最重要的成分之一。纤维素占比越高，纤维强力越高，因此更适合用作增强材料。最近的研究表明，秋葵茎纤维具有良好的力学强度和模量，具有作为聚合物基复合材料增强体的潜力。秋葵茎纤维除了可以通过环境友好型的化学表面改性方法来改善性能以外，还可以改善强度等机械性能，通过增加表面粗糙度来提高纤维在后续处理过程中对化学试剂的吸收性。

关键词：秋葵茎纤维；表面改性；环保方法

3.1 引言

近年来，科学家致力于研究可以代替合成材料的可生物降解天然材料。合成纤维复合材料广泛应用于汽车、航天、建筑、医疗和包装等行业。因此，生物可降解的生物基复合材料的研究越来越受到重视。

大麻、亚麻、红麻和黄麻等茎纤维经常用作复合结构的增强材料。由于农作物废料茎秆具有可循环利用、可生物降解和经济性等特点，因此针对农作物废料植物茎秆作为纤维原料也有多项研究。根据提取的植物品种不同，茎纤维具有不同的特性。因此，茎纤维的形态、热学性能和机械性能等重要特性，使得茎纤维适用于聚合物基复合材料的增强材料。

秋葵植物具有耐旱性，对水分的需求很低，因此易于种植。几百年以来秋葵一直作为食物，而仅在最近 50 年才开始对秋葵茎秆废料的应用进行研究（Franklin，1982）。最近十余年才开始对从其茎秆废料中提取纤维进行研究（Alam et al.，2007）。秋葵茎纤维提取自秋葵（锦葵科，秋葵属）的植物废料。秋葵茎纤维中含有 67.5%纤维素，15.4%半纤维素，7.1%木质素，3.4%果胶，3.9%油蜡和 2.7%的水溶性物质（Alam et al.，2007）。秋葵茎纤维中木质素含量较低，不易发黄和光化学分解。同时，秋葵茎纤维具有高分子量，因此色牢度和机械性能良好（Kumar et al.，2013）。秋葵茎纤维与其他传统茎纤维的性质相似，光泽度好且结构稳固。

针对复合材料制备中的使用要求而言，纤维素是天然纤维的重要组成部分。纤维素含量增加使纤维强度增大，更适合作为复合材料增强体（Mwaikambo et al.，2002）。纤维素、半纤维素和木质素的结构中存在羟基（—OH），连接纤维素细胞壁上的大分子形成结合键。纤维暴露在水中会引发化学键断裂，羟基与水分子形成新的化学键，从而导致纤维膨胀。因此，对天然纤维进行不同的表面处理时，细胞壁发生膨胀，使得化学大分子渗透到纤维的结晶区（Mwaikambo et al.，2002）。纤维素的无定形区很容易吸收染料和树脂，但是结晶区结构紧密使其很难吸收其他化学品（Khan et al.，2013）。天然纤维的表面处理有助于去除杂质、结晶区的膨胀以及去除亲水性羟基。天然纤维对复合材料的增强作用取决于纤维的含水率、纤维与基体的结合性、纤维的结晶区占比和纤维素含量（Mwaikambo et al.，2002）。

近年来，研究人员对秋葵茎纤维的热学性能和力学性能进行了研究，结果显示秋葵茎纤维具有良好的强力和模量，可以用于聚合物基复合材料的增强体（Kumar et al.，2013；Mwaikambo et al.，2002；Khan et al.，2013）。通过化学表面处理（Kumar et al.，2013；Mwaikambo et al.，2002；Khan et al.，2013；De Rosa et al.，2010）和酶表面处理（Yılmaz et al.，2016）可以改善秋葵茎纤维的多种性能。

通过红外光谱观察发现，秋葵茎纤维与其他传统木质纤维素纤维对比具有相似的化学和物理特性（Kumar et al.，2013；Mwaikambo et al.，2002）。秋葵茎纤维若用于复合材料结构的增强体必须进行表面处理。秋葵茎纤维表面进行碱处理可以改善复合材料层压板的性能（De Rosa et al.，2010），还可以改善 PLA 高分子的结晶性能（Fortunati et al.，2013）。有研究报道，秋葵茎纤维增强聚酯复合材料表现出良好的介电性能和绝缘性能。

纤维素纤维是天然的、可回收的、可再生的、可降解的和可持续的材料。但是由于纤维素纤维是亲水材料，容易吸收水分而导致纤维断裂。纤维素纤维通过表面改性，可以增加纤维的工业用途。应用表面处理技术可以改善纤维的力学性能，增大纤维表面的粗糙度，提高纤维的吸湿性。也可以使用化学处理达到这一效果，例如使用氢氧化钠（Khan et al.，2013；De Rosa et al.，2010；Yilmaz et al.，2016；Arifuzzaman Khan et al.，2009；De Rosa et al.，2011；Moniruzzaman et al.，2009；Onyedum et al.，2016；Srinivasababu，2015）或硫酸钠（De Rosa et al.，2011；Fortunati et al.，2013）进行碱处理；使用次氯酸钠或亚氯酸钠（Khan et al.，2013；Fortunati et al.，2013；Arifuzzaman Khan et al.，2009；Moniruzzaman et al.，2009）进行漂白处理；使用醋酸进行乙酰化处理（Khan et al.，2013；De Rosa et al.，2011；Onyedum，2016）。

表面处理工艺大量用于去除木质素、半纤维素和果胶，拓宽纤维素结构上的反应区（Onyedum et al.，2016）。化学处理时，化学试剂的浓度是影响纤维表面处理效果的重要因素，随着化学试剂浓度的增加，纤维的力学性能下降（Srinivasababu，2015）。

采用表面碱处理工艺去除半纤维素、果胶和水溶性物质之后，秋葵茎纤维的纤维素含量可达 75%~80%（Arifuzzaman Khan et al.，2014）。

氢氧化钠是最常用的碱处理化学品之一。通过碱处理，纤维素 I 型转化为纤维素 II 型。碱化会对纤维素 I 型分子结构进行去极化形成微晶体（Mwaikambo et al.，2002）。

与碱化处理类似，经过亚氯酸钠漂白后，纤维表面的粗糙程度有所提高。经过漂白处理的纤维会变柔软，去除木质素和杂质，纤维素含量和结晶度也会提升（Khan et al.，2013）。

3.2 秋葵茎纤维的来源

土耳其每年种植秋葵 3.6 万吨，有 211 吨的秋葵茎秆废料会被遗弃在田间（Srinivasababu et al.，2009）。

秋葵收割后这些残留的茎秆废料通常是被焚烧掉。秋葵植株生长在土耳其的爱琴海、黑海、马尔马拉和地中海地区。根据品种和生长区域而不同，秋葵植物茎秆粗细有差异。本研究中的秋葵茎秆废料取自马尔马拉地区，并根据茎长和直径进行分类（表 3.1）。

表 3.1 马尔马拉地区秋葵茎秆特征

指标	数值
长度/cm	约 120
直径/cm	4.3

3.3 秋葵茎纤维的提取

从秋葵茎秆废料提取纤维的工艺流程如下：

（1）从马尔马拉地区获得秋葵茎秆废料，根据其长度和直径进行分类和分离。

（2）采用专门设计用于木质纤维素纤维提取机从秋葵茎秆中提取茎纤维（图 3.1）。

图 3.1 秋葵茎纤维

2010 年，纤维提取机项目负责人及研究成员在土耳其专利局为该机器注册实用新型专利（注册号：201008487）。目前，本机器位于马尔马拉大学技术学院纺织工程系物理检测实验室。木质纤维素纤维提取机具有便携、经济、安全、使用方便、便于运输等优点，其工作效率可达 100kg/h。通过改变机器的使用方法、速度和网格参数，可以加工纺织领域及其他工业领域应用的多种类型纤维。

（3）为了去除提取纤维中残留的黏性杂质，纤维需要在容器中浸泡 20 天。

（4）浸泡 20 天后，使用流水冲洗纤维，再置于 100℃ 干燥箱（宾得，德国）中干燥 2h（图 3.2）。

图 3.2　纤维的干燥过程及干燥后的秋葵茎纤维

（5）干燥的纤维在实验室条件下（相对湿度 65%±2%，温度 20℃±2℃）静置 24h。

3.4　秋葵茎纤维的表面处理方法

由于从秋葵茎中提取的纤维是基于木质纤维素纤维，主要成分为纤维素、半纤维素和木质素（图 3.3），因此秋葵茎中提取的纤维是非晶型纤维。每种组分的性质对纤维整体特性均有重要影响。由于木质素、树胶和蜡的作用，秋葵茎纤维会相互粘连。提取纤维后，应采用亲水性处理方法去除木质素等疏水物质。

秋葵茎纤维表面处理通常有三种方法：常规法、超声法和微波法。超声法和微波法属于生态处理法，可以节约水、能源和时间。表面处理的工艺参数见表 3.2。

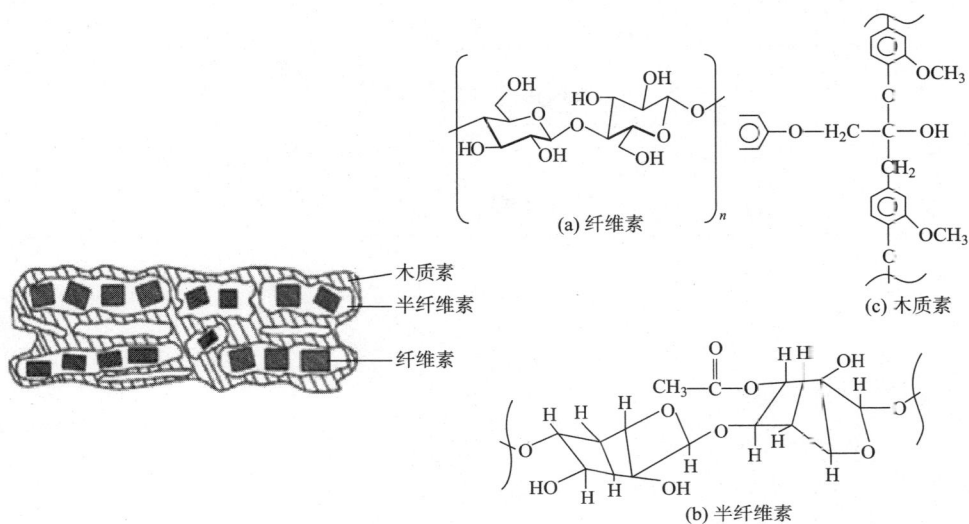

(a) 纤维素

(c) 木质素

(b) 半纤维素

图 3.3　细胞壁主要组分的组织分布和化学结构（Arifuzzaman Khan et a., 2009）

表 3.2　表面处理的工艺参数

方法	持续时间/min	温度/℃	浓度/%
常规法	10，20，30，40	60	3，5，7，10
超声法	5，10，15，20	60	3，5，7，10
微波法	3，5，7，10	60	3，5，7，10

　　根据公式（3.1）计算得出常规法、超声法和微波法的能量消耗，可以确定三种表面处理方法的节能效果，见表 3.3。

表 3.3　表面处理的能耗对比

方法	处理持续时间/min	仪器耗电量/（W/h）
常规法	10	3000
	20	3000
	30	3000
	40	3000
超声法	3	800
	5	800
	7	800
	10	800

方法	处理持续时间/min	仪器耗电量/（W/h）
微波法	5	660
	10	660
	15	660
	20	660

$$P = \frac{mC_\mathrm{p} \cdot \Delta T}{t} \tag{3.1}$$

式中：P——功率，J/s；

m——耗水量，g；

C_p——比热，4.18 J/（g·K）；

ΔT——温度差（常数=起始温度–最后温度），K；

t——时间，s。

表面碱处理工艺可以采用氢氧化钠溶液，分别设置 4 种不同溶液浓度（3%，5%，7%，10%）和处理时间的实验条件：

（1）常规法（大气法）：使用 Kermanlar 实验室样品加热器，设置 3kW、220V。

（2）微波法：使用 Kenwood Mw440 微波炉，设置 300W，"低"挡位。

（3）超声法：使用 Alex 超声波清洗槽，设置 220V、660W、40kHz。

经过表面处理工序，用 24℃、pH=7 的蒸馏水冲洗秋葵茎纤维 2min，然后用干燥箱在 100℃条件下干燥 2h。

Islam 和 Pickering 对常规法、超声法和微波法 3 种表面碱处理方法的工艺进行了研究，设置不同浓度、不同处理时间和相同温度条件的氢氧化钠溶液对纤维进行处理（Islam et al.，2014）。

3.4.1.1 常规法（大气法）

常规法表面处理的步骤如下：

（1）使用精密天平称取 2g 纤维样品。

（2）以 1∶20 的比例量取 400 mL 蒸馏水，在 Kermanlar 实验室样品加热器中加热至 60℃（图 3.4）。

（3）将氢氧化钠加入水浴中配制成适当浓度的溶液。

（4）将 2g 纤维样品放入加热溶液中，按照规定的时间进行处理（图 3.4）。

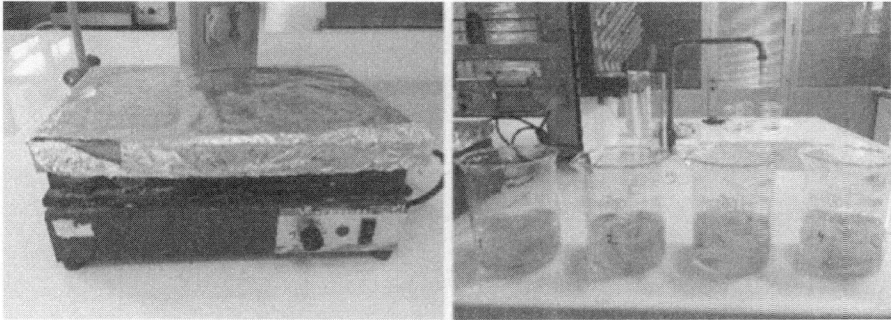

图 3.4　常规法使用的加热台以及对秋葵茎纤维样品浸入溶液加热处理

（5）完成设定的处理时间，将纤维从溶液中取出，用蒸馏水冲洗 4~5 次。

（6）将经氢氧化钠（默克，德国）处理后的样品放入 5% 乙酸溶液中浸泡 5min，进行中和。

（7）取出纤维样品，用蒸馏水冲洗 4~5 次。

（8）将纤维样品放入 100℃ 的干燥箱中干燥 2h 即可。

3.4.1.2　微波法

微波能量法表面处理的步骤如下：

（1）使用精密天平称取 2g 纤维样品。

（2）以 1∶20 的比例将氢氧化钠加入 400 mL 蒸馏水中配制适当浓度的溶液。

（3）将 2g 纤维样品加入溶液中。

（4）将浸泡溶液的样品放入 Kenwood Mw440 微波炉中，在"低"能量设置下按设定时间进行处理（图 3.5）。

（5）按设定时间处理完毕，从溶液中取出纤维样品，用蒸馏水冲洗 4~5 次。

（6）将经氢氧化钠（默克，德国）处理后的样品放入 5% 乙酸溶液中浸泡 5min，进行中和。

（7）取出纤维样品，用蒸馏水冲洗 4~5 次。

（8）将纤维样品放入 100℃ 的干燥箱中干燥 2h。

3.4.1.3　超声法

超声法进行表面处理的步骤如下：

（1）使用精密天平称取 2g 纤维样品。

图 3.5　采用微波能量法对秋葵茎纤维样品进行表面碱处理及所用微波设备

（2）以 1∶20 的比例将氢氧化钠加入 400 mL 蒸馏水中配制适当浓度的溶液。

（3）将 2g 纤维样品加入超声波水浴中。

（4）纤维样品在 Alex 超声波水浴（220V，660W，40 kHz）中按设定时间进行处理（图 3.6）。

图 3.6　超声波浴槽及采用超声波能量法处理秋葵茎纤维

（5）按设定时间处理完毕，从溶液中取出纤维样品，用蒸馏水冲洗 4~5 次。

（6）将经氢氧化钠（默克，德国）处理后的样品放入 5% 乙酸溶液中浸泡 5min，进行中和。

（7）取出纤维样品，用蒸馏水冲洗 4~5 次。

（8）将纤维样品放入 100℃ 的干燥箱中干燥 2h。

　　碱处理是最常用的纤维表面处理方法之一。化学品的种类、浓度、处理时间和处理温度都会影响碱处理效果。通过碱处理可以去除纤维中的木质素和半纤维素。本研究中，纤维在碱性表面处理时，羟基与水分子发生反应，见公式（3.2），导致氢键发生断裂，纤维的非晶形的结构和原纤化程度增加（图 3.7）。氢键断裂增大了纤维表面的不均匀程度，使纤维与基体之间有更好的结合力，从而提高了复合材料的强度（Hamideh et al.，2014）。

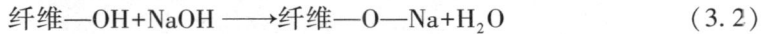

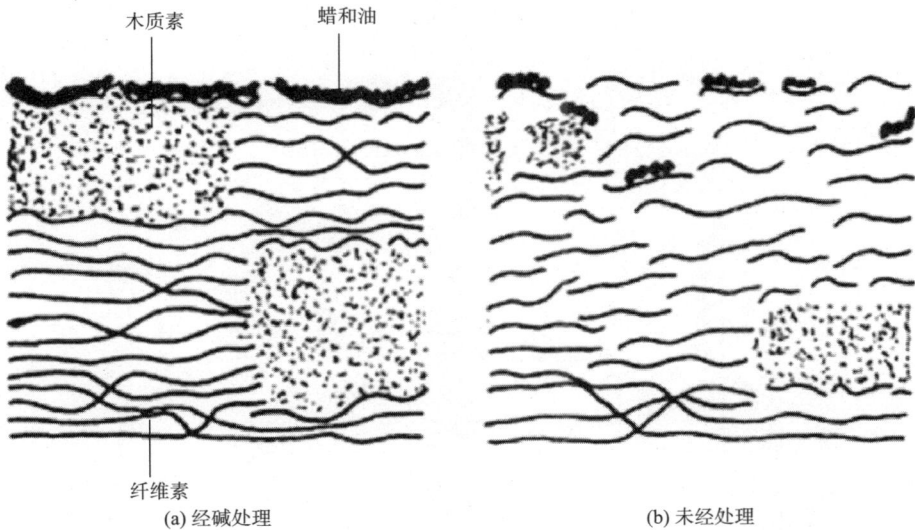

$$纤维—OH+NaOH \longrightarrow 纤维—O—Na+H_2O \tag{3.2}$$

(a) 经碱处理　　　　　　　　　　　　　　(b) 未经处理

图 3.7　经碱处理和未经处理的纤维结构（Mwaikambo et al.，2002）

3.5　秋葵茎纤维的性能及评价

3.5.1　秋葵茎纤维直径的测量及纵、横截面的形态观察

　　土耳其产秋葵茎部直径范围为 10～50mm。使用马尔马拉大学技术学院纺织工程物理检测实验室的 Pro-jectina CH-9495 型投影显微镜和 Olympus CH-2 型光学显微镜，对经碱处理和未经碱处理的秋葵茎纤维的纵向和横截面形态以及直径进行测定（图 3.8～图 3.10）。

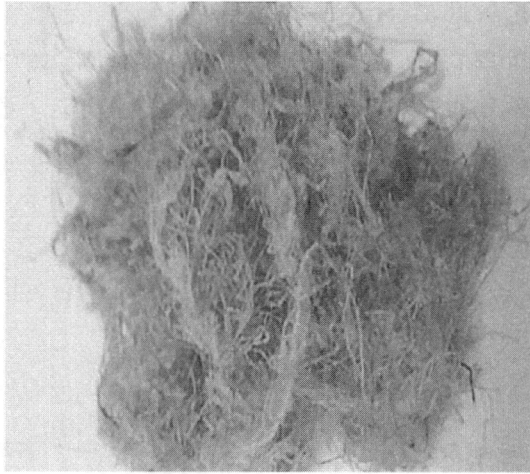

图 3.8 秋葵茎纤维与氢氧化钠的反应

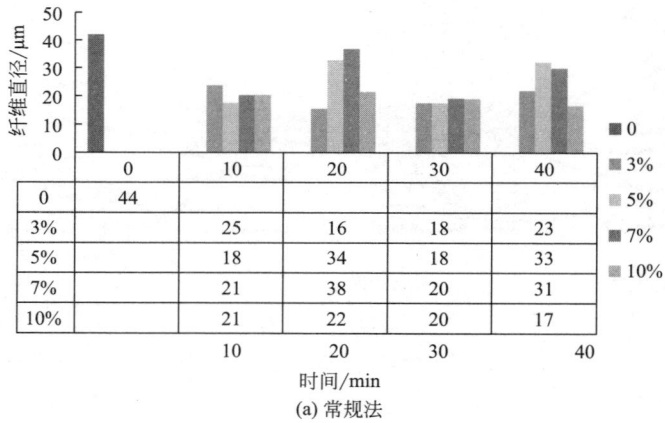

	0	10	20	30	40
0	44				
3%		25	16	18	23
5%		18	34	18	33
7%		21	38	20	31
10%		21	22	20	17

时间/min

(a) 常规法

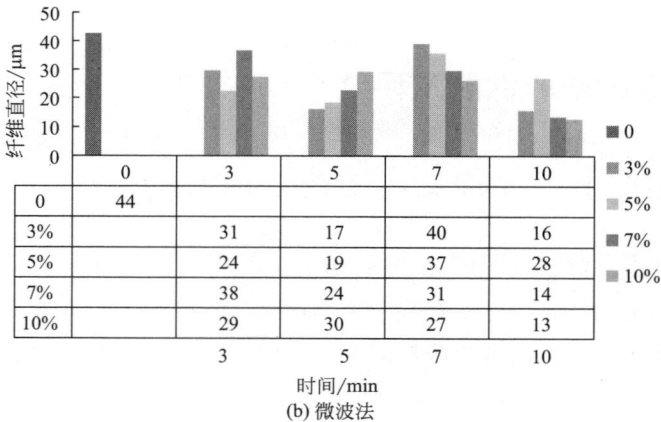

	0	3	5	7	10
0	44				
3%		31	17	40	16
5%		24	19	37	28
7%		38	24	31	14
10%		29	30	27	13

时间/min

(b) 微波法

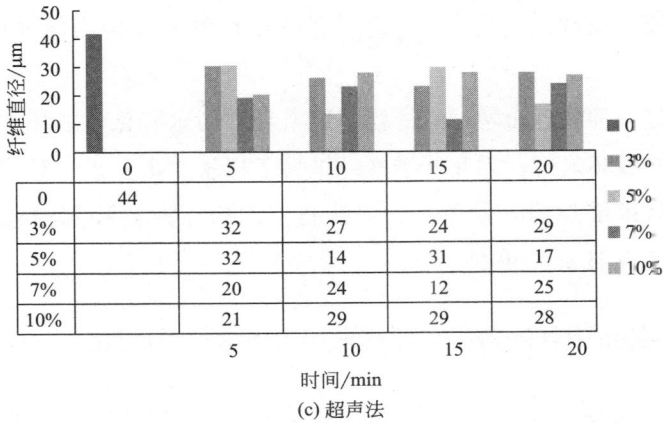

	0	5	10	15	20
0	44				
3%		32	27	24	29
5%		32	14	31	17
7%		20	24	12	25
10%		21	29	29	28

(c) 超声法

图 3.9　未经处理和经碱处理的秋葵茎纤维直径的变化

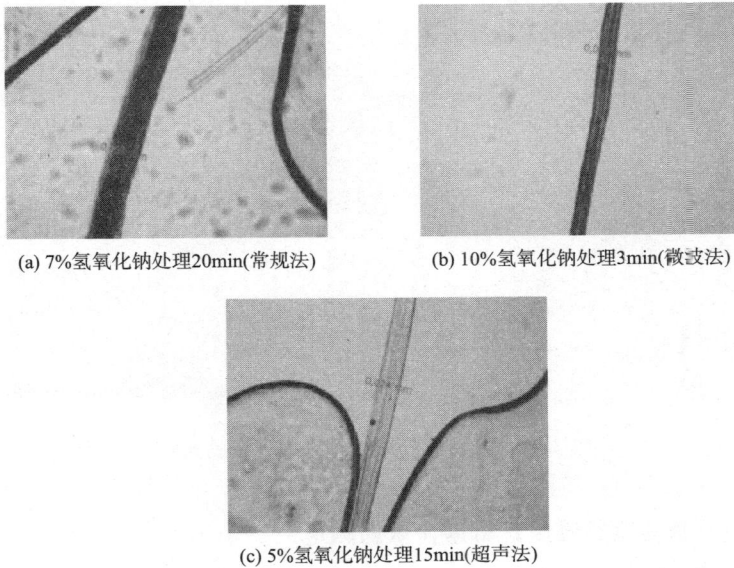

(a) 7%氢氧化钠处理20min(常规法)

(b) 10%氢氧化钠处理3min(微波法)

(c) 5%氢氧化钠处理15min(超声法)

图 3.10　秋葵茎纤维的纵向形态和直径测量

通过观察可以发现，经氢氧化钠碱处理的秋葵茎纤维光泽度和手感均有所提高。经表面碱处理，秋葵茎纤维膨胀，横截面增大。但由于表面处理去除了半纤维素、木质素等杂质，纤维横截面尺寸略有降低。

秋葵茎纤维的纵向形态和直径测量如图 3.10 所示。对秋葵茎纤维的纵向形态和直径进行研究，发现到其线性变形与其他木质纤维素纤维相同（De Rosa et al.，2010）。

纤维膨胀是一种物理化学现象，当纤维素纤维与水和化学物质接触时，水分子渗透到纤维中并破坏氢键，因此纤维素纤维易于膨胀。水分子和纤维素纤维上的羟基结合，纤维素纤维随即开始膨胀，膨胀程度取决于游离羟基的数量（Bledzki et al.，1999；Gassan et al.，1998）。

3.5.2 秋葵茎纤维中纤维素、半纤维素和木质素含量的测定及评价

基于 TUBITAK 1001 课题项目，使用 Velp FIWE 6 型纤维素检测仪测定秋葵茎纤维中纤维素、半纤维素和木质素的含量（图 3.11）。实验依据 Van Soest 和 Wine 1968 的检测方法（Van Soest et al.，1968）和 AOAC（2016）标准（AOAC 官方检测方法，2016）进行。

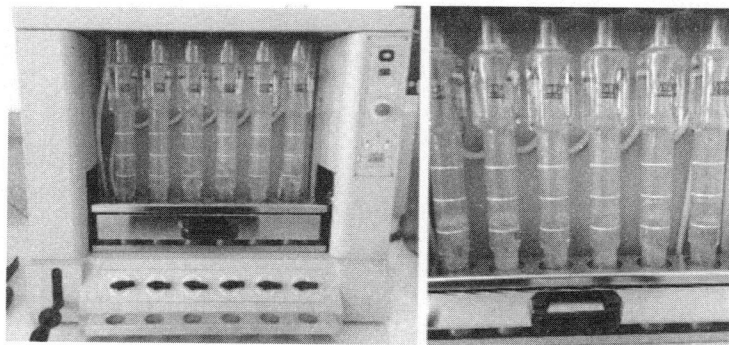

图 3.11　秋葵茎纤维的纤维素含量的测定

3.5.2.1 秋葵茎纤维中纤维素含量的测定

秋葵茎纤维中纤维素含量的测定步骤如下：

（1）将纤维样品放入坩埚中称重。

（2）将坩埚放入测试仪器中。

（3）向仪器测试试管中加入 150mL 浓度为 1.25% 的硫酸溶液。

（4）向试管中加入 10 滴消泡剂。

（5）启动仪器，开始加热。

（6）当水开始沸腾时，设置为 5 挡，继续处理 30min。

（7）抽真空吸出硫酸，加入蒸馏水。

（8）加入 30mL 沸腾蒸馏水，再次抽真空。

（9）加入 150mL 氢氧化钾溶液和消泡剂。

（10）再次启动仪器，开始加热。

（11）当水开始沸腾时，设置为 5 挡，继续处理 30min。

（12）处理时间结束，重复抽真空和清洗过程。

（13）将带有样品的坩埚从仪器中取出，在 105℃的烘箱中干燥 1h。

（14）样品干燥后，静置 1h 后称重。

（15）将样品放入回热炉中，在 550℃的条件下干燥 3h。

（16）样品静置 1h 后称重。

（17）纤维素的含量可根据公式（3.3）计算得出。

$$纤维素含量 = \frac{F_1 - F_2}{F_0} \times 100\% \tag{3.3}$$

式中：F_0——首次称取纤维质量（不含坩埚），g；

　　　F_1——干燥后纤维质量（含坩埚），g；

　　　F_2——回热炉处理后纤维质量（含坩埚），g。

3.5.2.2　中性纤维含量的测定

中性纤维含量的测定步骤如下：

（1）称取 1g 纤维试样放入坩埚中。

（2）将坩埚放入测试仪器中。

（3）将 100mL 中性溶液（硼酸钠、乙二胺四乙酸二钠、月桂酰硫酸钠、2-乙氧乙醇、磷酸钠）加入测试仪的试管中。

（4）向试管中加入 10 滴消泡剂。

（5）启动仪器，开始加热。

（6）当水开始沸腾时，设置为 5 挡，继续处理 30min。

（7）处理结束后，抽真空去除中性溶液，加入蒸馏水。

（8）加入 3 次 30mL 沸腾的蒸馏水，加入 2 次丙酮，再次抽真空。

（9）将带有样品的坩埚从仪器中取出，在 105℃的烘箱中干燥 8h。

（10）样品静置 1h 后称重。

（11）根据公式（3.4），中性纤维含量（NDF）可通过各次称重结果计算得出。

$$中性纤维含量（NDF）= \frac{F_1 - F_k}{F_0} \times 100\% \tag{3.4}$$

式中：F_0——首次称取纤维质量（不包括坩埚），g；

　　　F_1——干燥后纤维质量（包括坩埚），g；

　　　F_k——坩埚质量，g。

3.5.2.3　半纤维素含量的测定

半纤维素含量的测定步骤如下：

（1）称取 1g 纤维试样放入坩埚中。

（2）将坩埚放入测试仪器中。

（3）将 100mL 酸性溶液（十六烷基三甲基溴化铵和硫酸）加入仪器试管中。

（4）向试管中加入 10 滴消泡剂。

（5）启动仪器，开始加热。

（6）当水开始沸腾时，设置为 5 挡，继续处理 30min。

（7）处理结束后，抽真空去除酸性溶液，加入蒸馏水。

（8）加入 3 次 30mL 沸腾的蒸馏水，加入 2 次丙酮，再次抽真空。

（9）将带有样品的坩埚从仪器中取出，在 105℃的烘箱中干燥 8h。

（10）样品静置 1h 后称重。

（11）根据公式（3.5），酸性纤维含量（ADF）可通过各次称重结果计算得出。

$$酸性纤维含量（ADF）= \frac{F_1 - F_k}{F_0} \times 100\% \tag{3.5}$$

式中：F_0——首次称取纤维质量（不包括坩埚），g；

　　　F_1——干燥后纤维质量（包括坩埚），g；

　　　F_k——坩埚质量，g。

半纤维素的含量根据公式（3.6）计算得出。

$$半纤维素含量 = NDF - ADF \tag{3.6}$$

3.5.2.4　木质素含量的测定

木质素含量的测定步骤如下：

（1）称取 1g 纤维试样放入坩埚中。

（2）将坩埚放入测试仪器中。

（3）将 100mL 酸性溶液（72% 硫酸）加入仪器试管中。

（4）向试管中加入 10 滴消泡剂。

（5）启动仪器，开始加热。

（6）当水开始沸腾时，设置为 5 挡，继续处理 30min。

（7）处理结束后，抽真空去除酸性溶液，加入蒸馏水。

（8）加入 3 次 30mL 开水，加入 2 次丙酮，再次抽真空。

（9）冷萃取 3h。

（10）冷却结束后，抽真空去除酸性溶液，加入蒸馏水。

（11）加入 3 次 30mL 开水，加入 2 次丙酮，再次抽真空。

（12）将带有样品的坩埚从仪器中取出，在 105℃ 的烘箱中干燥 8h。

（13）样品静置 1h 后称重。

（14）根据公式（3.7），木质素含量（ADL）可通过各次称重结果计算得出。

$$木质素含量（ADL）= \frac{F_1 - F_k}{F_0} \times 100\% \tag{3.7}$$

式中：F_0——首次称取纤维质量（不包括坩埚），g；

　　　F_1——干燥后纤维质量（包括坩埚），g；

　　　F_k——坩埚质量，g。

采用纤维素测定仪检测未处理和经过碱处理的秋葵茎纤维的纤维素、半纤维素和木质素的含量，根据处理时间和氢氧化钠浓度选择得出最优化结果（表 3.4 和图 3.12）。

表 3.4　不同碱处理条件下纤维样品的纤维素、半纤维素及木质素含量

纤维样品	处理方法	处理时间/min	溶液浓度/%	首次样品质量（F_0）/g	干燥后样品质量（F_1）/g	回热后样品质量/g	纤维素含量/%	半纤维素含量/%	木质素含量/%
对照组				0.054	29.63	29.6	55.55	18.25	8.9
氢氧化钠碱处理	常规法	20	7	0.054	29.949	29.89	92.59	3.48	2.57
	微波法	3	10	0.058	29.605	29.562	74.13	9.85	6.02
	超声法	15	5	0.055	29.914	29.871	78.18	11.56	4.57

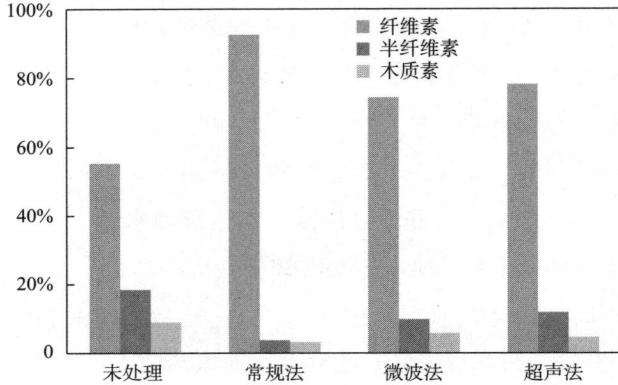

图 3.12 秋葵茎纤维中纤维素、半纤维素及木质素的含量

采用常规法氢氧化钠碱处理后纤维测定的纤维素比例增长最高（66.7%）。具有常规化学结构的秋葵茎纤维经过表面碱处理，原纤化和纤维素比例均有所提升。

3.5.3 秋葵茎纤维拉伸强力、伸长率和弹性模量的测定及评价

根据 ASTM D 3822 标准对氢氧化钠碱处理前后的秋葵茎纤维拉伸强力（N）和伸长率（%）进行测定，测试仪器使用马尔马拉大学技术学院纺织工程系物理测试实验室的 Instron 4411 万能材料试验机（载荷 5kN，拉伸速率 10mm/min）。

木质纤维素纤维力学性能的影响因素包括纤维的形态、结晶度、非晶度、取向度、物理化学特性。木质纤维素纤维的吸湿能力因纤维的结构而异。表面处理技术能够提高纤维表面粗糙度和吸湿能力（Li et al.，2007）。秋葵茎纤维拉伸强力变化如图 3.13 所示。

结果显示，采用常规法进行表面碱处理秋葵茎纤维的拉伸强度有所提高。但 40min 后，处理后纤维的拉伸强力值下降。采用微波法进行表面处理结果显示能够使纤维获得更高的拉伸强力，使用 5% 氢氧化钠处理纤维 5min 获得的拉伸强力值最高。

与常规法和微波法一样，超声法表面处理也可以提高秋葵茎纤维的拉伸强力。但超过 20min 后，纤维的拉伸强力会下降（图 3.13）。

秋葵茎纤维伸长率变化如图 3.14 所示。

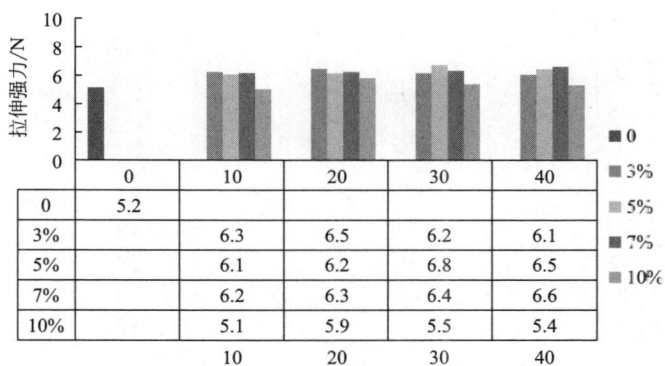

	0	10	20	30	40
0	5.2				
3%		6.3	6.5	6.2	6.1
5%		6.1	6.2	6.8	6.5
7%		6.2	6.3	6.4	6.6
10%		5.1	5.9	5.5	5.4

时间/min

(a) 常规法

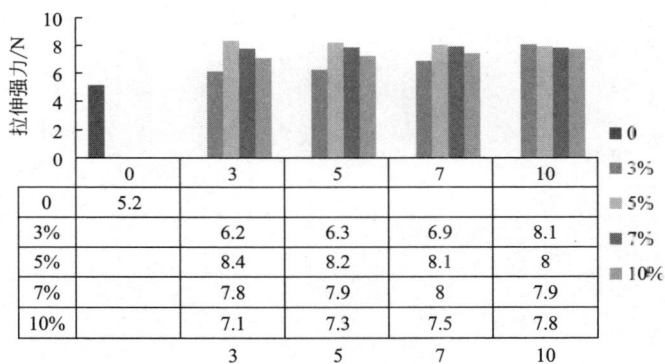

	0	3	5	7	10
0	5.2				
3%		6.2	6.3	6.9	8.1
5%		8.4	8.2	8.1	8
7%		7.8	7.9	8	7.9
10%		7.1	7.3	7.5	7.8

时间/min

(b) 微波法

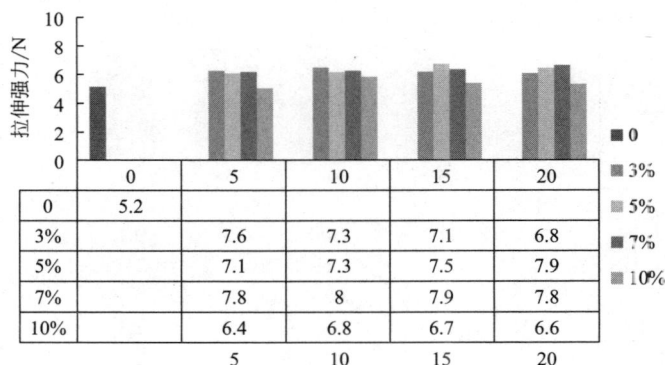

	0	5	10	15	20
0	5.2				
3%		7.6	7.3	7.1	6.8
5%		7.1	7.3	7.5	7.9
7%		7.8	8	7.9	7.8
10%		6.4	6.8	6.7	6.6

时间/min

(c) 超声法

图 3.13　秋葵茎纤维拉伸强力变化

	0	10	20	30	40
0	2.1				
3%		2.4	2.5	2.2	1.9
5%		1.9	2.2	2.7	2.3
7%		2.1	2.2	2.3	2.4
10%		2.1	2.4	2.3	2.2

(a) 常规法

	0	3	5	7	10
0	2.1				
3%		2.1	2	2.2	3
5%		3.1	3	2.8	2.8
7%		2.5	2.6	2.8	2.7
10%		2.4	2.5	2.6	2.7

(b) 微波法

	0	5	10	15	20
0	2.1				
3%		2.5	2.4	2.3	2.2
5%		2	2.1	2.2	2.4
7%		2.3	2.5	2.4	2.3
10%		2.6	2.8	2.7	2.5

(c) 超声法

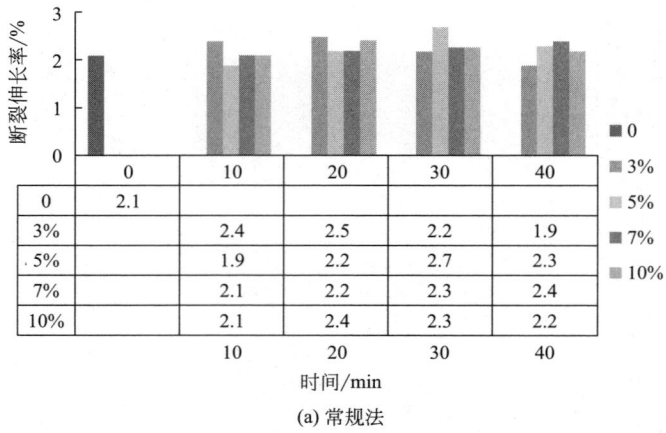

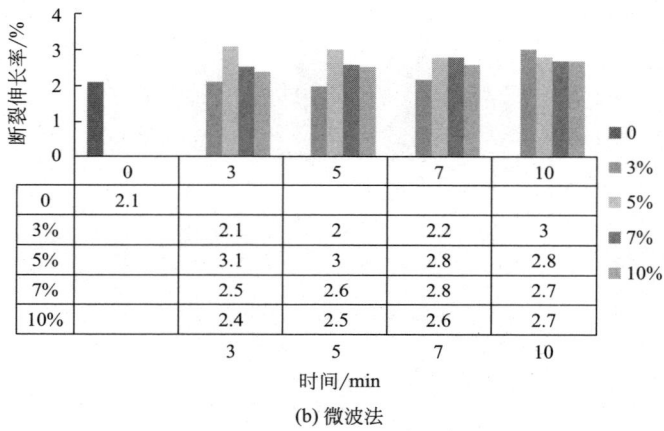

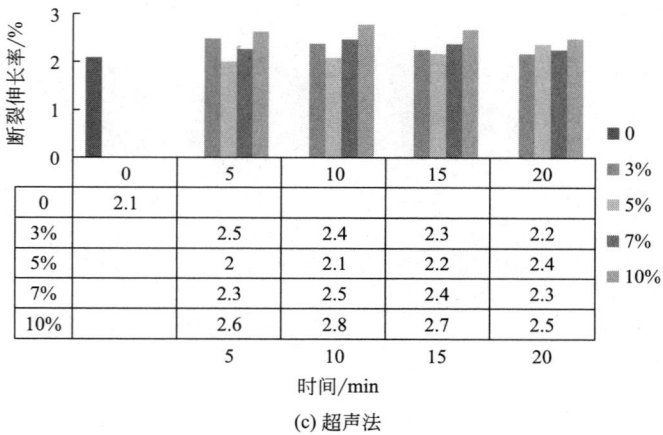

图 3.14　秋葵茎纤维断裂伸长率变化

74

如图 3.14 所示，常规法、微波法和超声法分别在 30min/5%氢氧化钠、3min/5%氢氧化钠和 10min/10%氢氧化钠的条件下获得的纤维伸长率最高。

秋葵茎纤维弹性模量变化如图 3.15 所示。

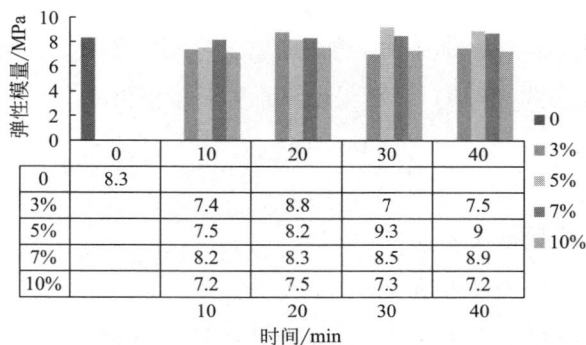

	0	10	20	30	40
0	8.3				
3%		7.4	8.8	7	7.5
5%		7.5	8.2	9.3	9
7%		8.2	8.3	8.5	8.9
10%		7.2	7.5	7.3	7.2

(a) 常规法

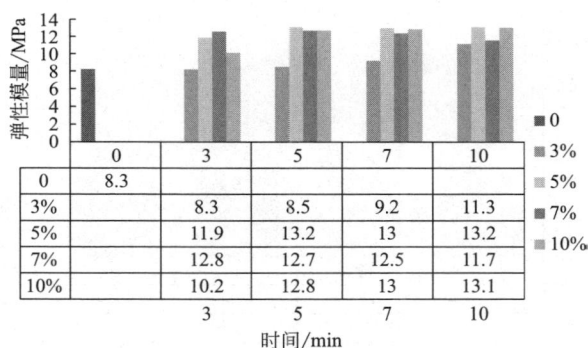

	0	3	5	7	10
0	8.3				
3%		8.3	8.5	9.2	11.3
5%		11.9	13.2	13	13.2
7%		12.8	12.7	12.5	11.7
10%		10.2	12.8	13	13.1

(b) 微波法

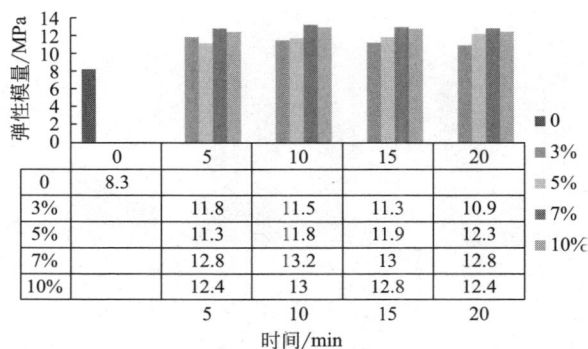

	0	5	10	15	20
0	8.3				
3%		11.8	11.5	11.3	10.9
5%		11.3	11.8	11.9	12.3
7%		12.8	13.2	13	12.8
10%		12.4	13	12.8	12.4

(c) 超声法

图 3.15　秋葵茎纤维弹性模量变化

如图 3.15 所示，采用微波法在 5% 氢氧化钠溶液中处理 5min 的纤维与采用超声法在 7% 的氢氧化钠中处理 10min 的纤维的弹性模量均超过 13MPa。

3.5.4 秋葵茎纤维质量损失的测定及评价

秋葵茎纤维通过表面处理改性，再用精密天平测定质量。表面处理前的每个样品质量为 2g。根据公式（3.8）计算得出纤维的质量损失率。

$$W_{j} = \frac{W_{first} - W_{last}}{W_{first}} \times 100\% \tag{3.8}$$

式中：W_{j}——质量损失率；

   W_{first}——未处理纤维质量，g；

   W_{last}——纤维经过表面处理后测定的质量，g。

通过常规法、微波法、超声法三种方法进行表面处理后秋葵茎纤维的质量损失率的变化如图 3.16 所示。

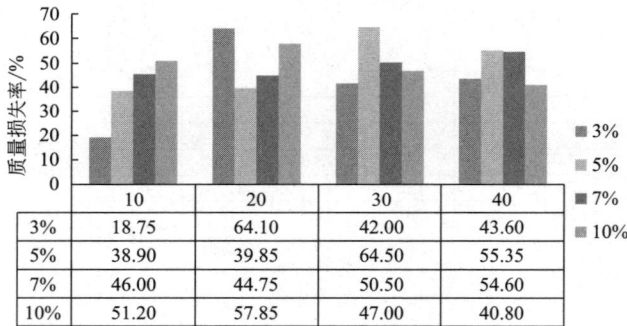

	10	20	30	40
3%	18.75	64.10	42.00	43.60
5%	38.90	39.85	64.50	55.35
7%	46.00	44.75	50.50	54.60
10%	51.20	57.85	47.00	40.80

时间/min

(a) 常规法

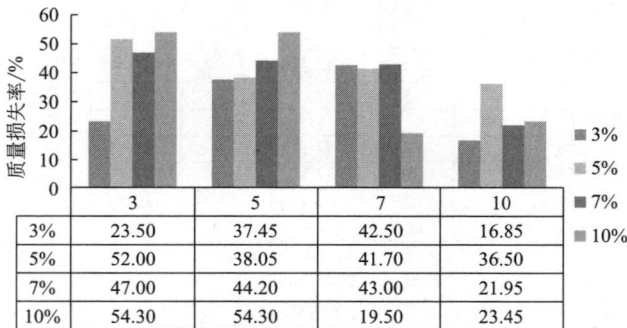

	3	5	7	10
3%	23.50	37.45	42.50	16.85
5%	52.00	38.05	41.70	36.50
7%	47.00	44.20	43.00	21.95
10%	54.30	54.30	19.50	23.45

时间/min

(b) 微波法

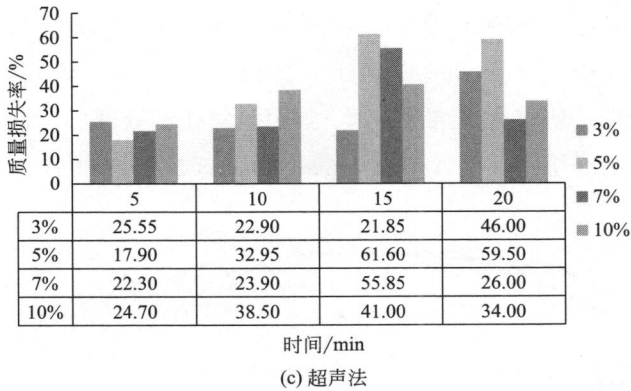

	5	10	15	20
3%	25.55	22.90	21.85	46.00
5%	17.90	32.95	61.60	59.50
7%	22.30	23.90	55.85	26.00
10%	24.70	38.50	41.00	34.00

时间/min

(c) 超声法

图 3.16 秋葵茎纤维质量损失率的变化

通过常规法、微波能量法和超声波能量法分别在 30min/5%氢氧化钠、3min 和 5min/10%氢氧化钠以及 15min/5%氢氧化钠条件下处理纤维所获得的质量损失率最高（图 3.16）。

3.5.5 秋葵茎纤维的化学结构、结晶度、热性能及形态特征的测定及评价

3.5.5.1 秋葵茎纤维化学结构分析（FTIR）

采用红外光谱法（FTIR）研究不同表面碱处理方法对秋葵茎纤维化学键的影响进行研究。采用 Perkin Elmer spectrum 100 FTIR 型光谱仪测定纤维的红外光谱，光谱范围在 $650 \sim 4000 cm^{-1}$ 之间（分辨率为 $2cm^{-1}$）。通过与对照组样品进行对比，选取性能最优样品。

如图 3.17 所示，经氢氧化钠碱处理秋葵茎纤维的 FTIR 峰值可达 $4000cm^{-1}$。秋葵茎纤维的红外光谱显示了纤维素、半纤维素和木质素等特征化学基团的吸收带。主要官能团包括炔、芳香基和氧化基团（酯、酮、醇）。羟基中典型的 O—H 伸缩振动和氢键吸收峰出现在 $2930 \sim 3330cm^{-1}$ 之间的宽吸收峰。纤维素和半纤维素的 C—H 键和伸缩振动峰出现在 $2930 \sim 2850cm^{-1}$ 波段范围。氢氧化钠碱处理导致半纤维素中酯基基团的减少以及木质素中羧基的减少。C═O 键的伸缩振动吸收峰出现在 $1731cm^{-1}$，其主要原因是去除了羧基和羰基。木质素中芳香环的 C═C 键的伸缩振动吸收峰在 $1520 \sim 1590cm^{-1}$。由于 CH_2 的存在，光谱在 $1430cm^{-1}$ 时下降产生对

称变形。木质素中乙酰基和半纤维素中 C—O 键的伸缩振动吸收峰分别出现在 1390cm⁻¹ 和 1260cm⁻¹。多糖的芳香环（C—H）和 C—O 基的振动吸收峰分别出现在 1350cm⁻¹ 和 1320cm⁻¹（Fortunati et al.，2013）。1170cm⁻¹ 处因 C—O—C 键存在而产生反对称变形。所有这些结果显示，经过氢氧化钠处理后，纤维的晶体结构由纤维素Ⅰ型转变为纤维素Ⅱ型（Arifuzzaman Khan et al.，2009）。

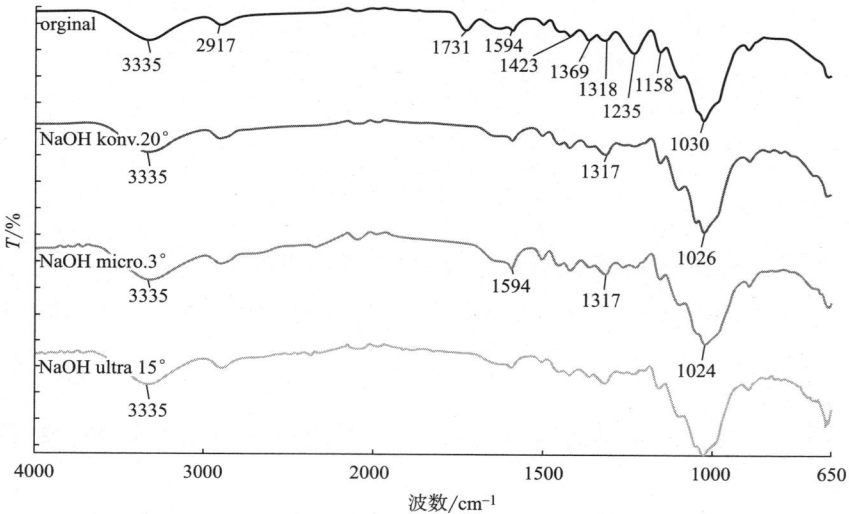

图 3.17　经碱处理秋葵茎纤维的红外光谱图

3.5.5.2　未经处理和经碱处理秋葵茎纤维的结晶度（XRD）

未经处理和经碱处理秋葵茎纤维的结晶度采用马尔马拉大学工程学院环境工程系的 D8 Bruker aXS 型 X 射线衍射仪在 40kV 和 40mA 的条件下进行测定。衍射扫描极限为 2°/s，测量范围 0~50°。结晶指数根据公式（3.9）通过计算得出。

$$结晶指数 = \frac{I_{002} - I_{am}}{I_{002}} \times 100\% \tag{3.9}$$

式中：I_{002}——纤维素晶体材料在 $2\theta = 22°$ 时，（002）晶面的反射强度最大值；

I_{am}——非结晶材料在 $2\theta = 18°$ 时的衍射强度。

未处理和经氢氧化钠碱处理秋葵茎纤维的结晶度指数结果如图 3.18~图 3.20 所示。

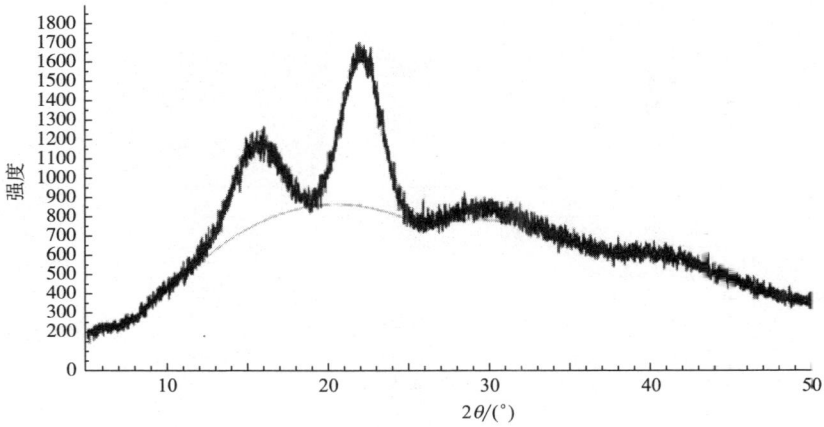

图 3.18　未经处理秋葵茎纤维的 X 射线衍射图

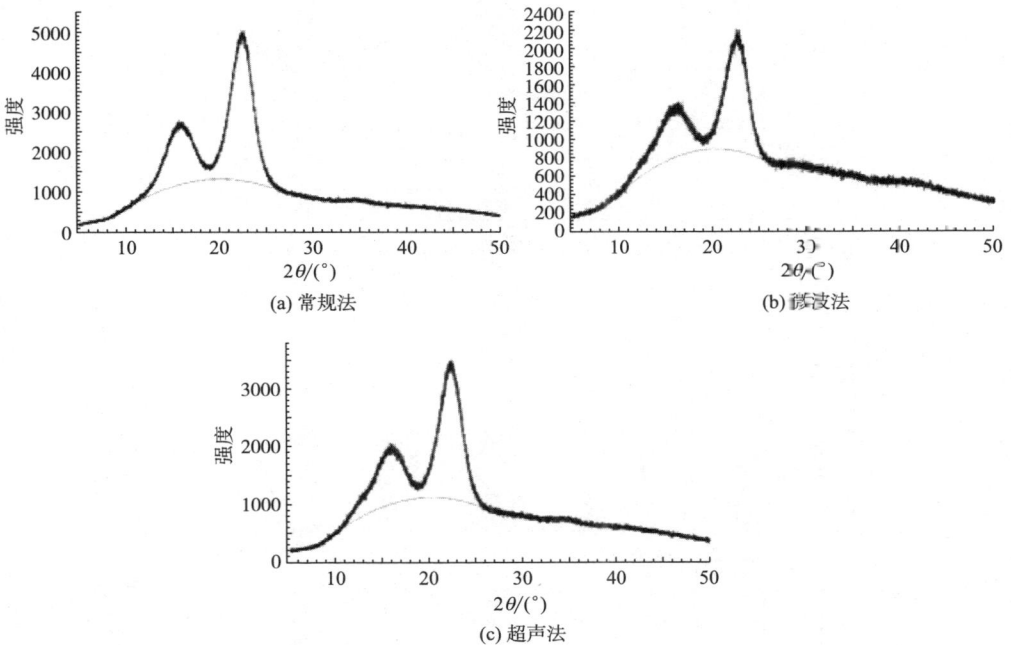

(a) 常规法

(b) 碱浸法

(c) 超声法

图 3.19　经碱处理秋葵茎纤维的 X 射线衍射图

　　通过常规法进行氢氧化钠碱处理纤维样品的结晶度指数随着氢氧化钠浓度的增加而降低。在 5%氢氧化钠处理 30min 的条件下获得的结晶度最高。随着处理时间和氢氧化钠浓度的增加，结晶度指数普遍下降（图 3.20）。

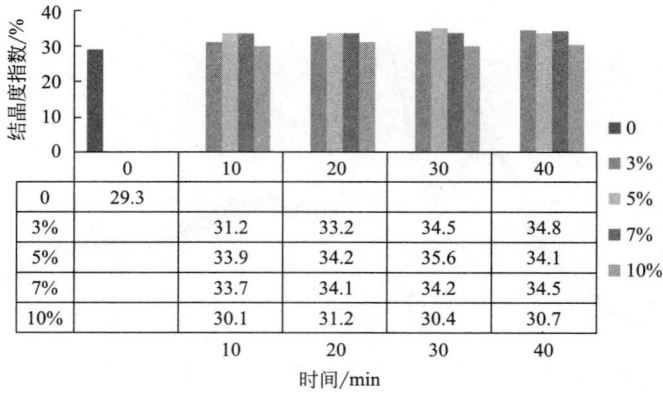

	0	10	20	30	40
0	29.3				
3%		31.2	33.2	34.5	34.8
5%		33.9	34.2	35.6	34.1
7%		33.7	34.1	34.2	34.5
10%		30.1	31.2	30.4	30.7

(a) 常规法

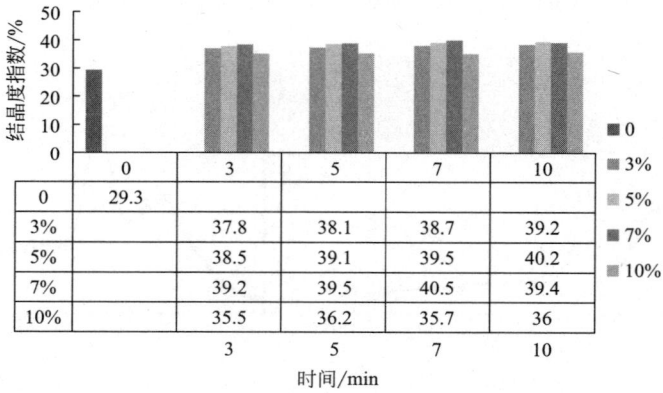

	0	3	5	7	10
0	29.3				
3%		37.8	38.1	38.7	39.2
5%		38.5	39.1	39.5	40.2
7%		39.2	39.5	40.5	39.4
10%		35.5	36.2	35.7	36

(b) 微波法

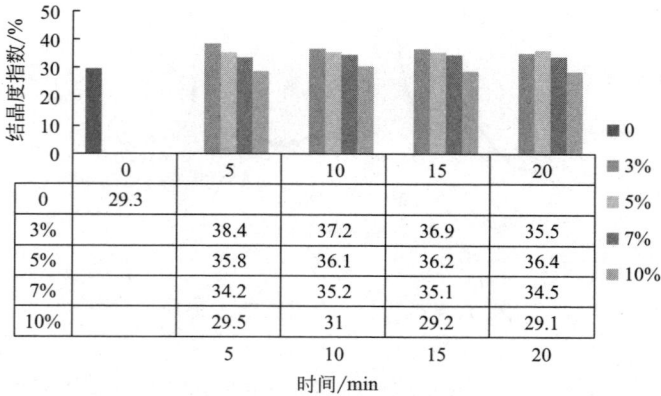

	0	5	10	15	20
0	29.3				
3%		38.4	37.2	36.9	35.5
5%		35.8	36.1	36.2	36.4
7%		34.2	35.2	35.1	34.5
10%		29.5	31	29.2	29.1

(c) 超声法

图 3.20　未经处理和经碱处理秋葵茎纤维的 X 射线衍射结果

通过微波法进行氢氧化钠碱处理纤维样品的结晶度指数随处理时间的延长而提高。在 5%氢氧化钠浓度处理 10min 的条件下获得的结晶度最高。随着氢氧化钠浓度的增加，结晶度指数降低（图 3.20）。

通过超声法进行氢氧化钠碱处理纤维样品的结晶度指数值随着浓度的增加而降低。在 3%氢氧化钠浓度处理 5min 的条件下获得的结晶度指数最高（图 3.20）。

3.5.5.3 未经处理和经碱处理秋葵茎纤维的热学性能

未处理和经过氢氧化钠碱处理秋葵茎纤维的热学性能采用伊斯坦布尔纺织品与原材料出口联盟、伊斯坦布尔纺织研发中心实验室的 Perkin Emler DSC 差示扫描量热仪进行测试。热学分析条件为氮气环境下 $0 \sim 350℃$，温度变化速率为 $10℃/min$。图 3.21 和表 3.5 分别经不同方法处理纤维样品的 DSC 图及结果。

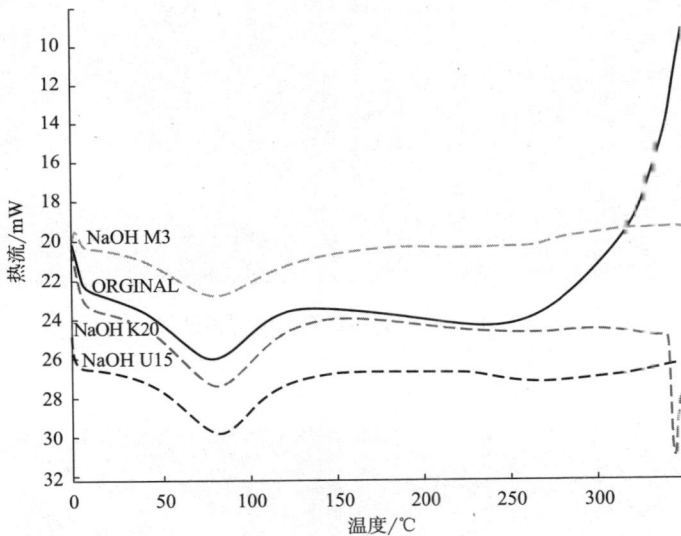

图 3.21 未经处理和经碱处理秋葵茎纤维的 DSC 图

表 3.5 经不同方法处理纤维样品的 DSC 结果

处理方法	熔点 T_m/℃	熔化焓 ΔH（J/g）
对照组	98.1	20.2
常规法	98.7	20.3
微波法	99.3	20.1
超声法	101.2	24.2

通过对未处理和经氢氧化钠碱处理秋葵茎纤维的 DSC 图进行研究，观察到只有熔点有细微差异。由于超声波能量对秋葵茎纤维的羟基和羧基产生影响，引起热熔值的升高，因此经过超声处理的秋葵茎纤维热熔值提高了 19.2%。

3.5.5.4 未经处理和经碱处理秋葵茎纤维的形态特征 （SEM)

为了研究表面处理对纤维形态特征的影响，采用 JEOL JSM - 5410 LV 型（20kV）扫描电子显微镜（SEM）对纤维的纵向和横截面形态特性进行观察。未处理的秋葵茎纤维与经过常规法、微波法、超声法碱处理的秋葵茎纤维的表面形态分别如图 3.22~图 3.25 所示。

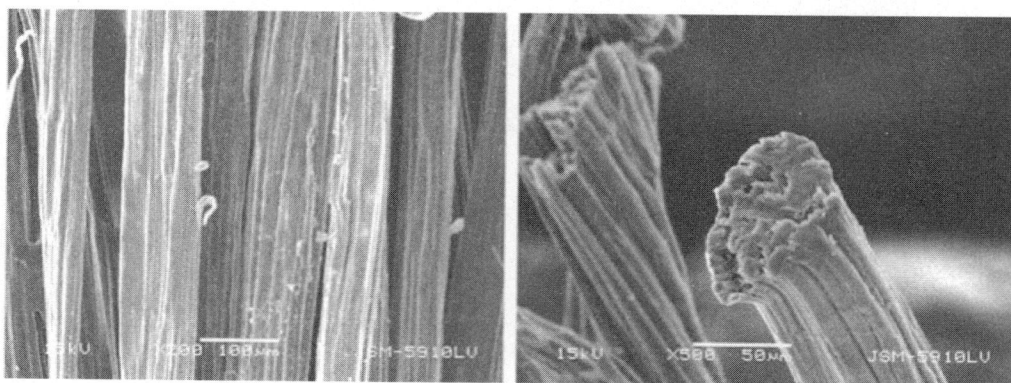

图 3.22 未经处理的秋葵茎纤维的纵向和横截面 SEM 图

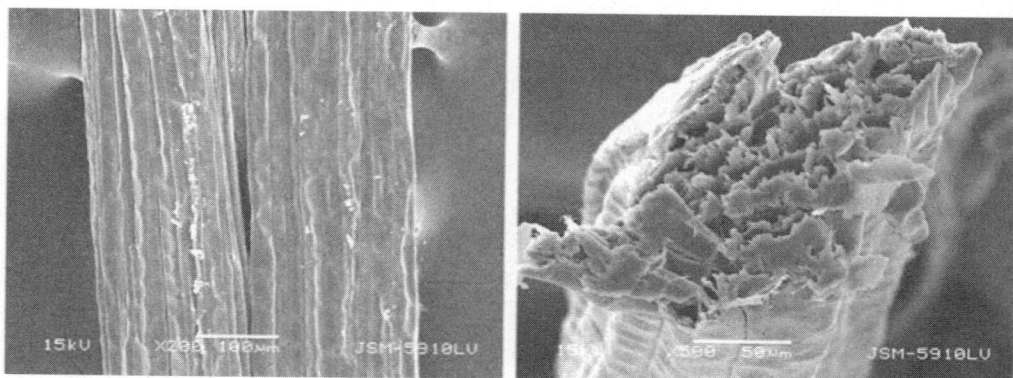

图 3.23 常规法碱处理的秋葵茎纤维的纵向和横截面 SEM 图

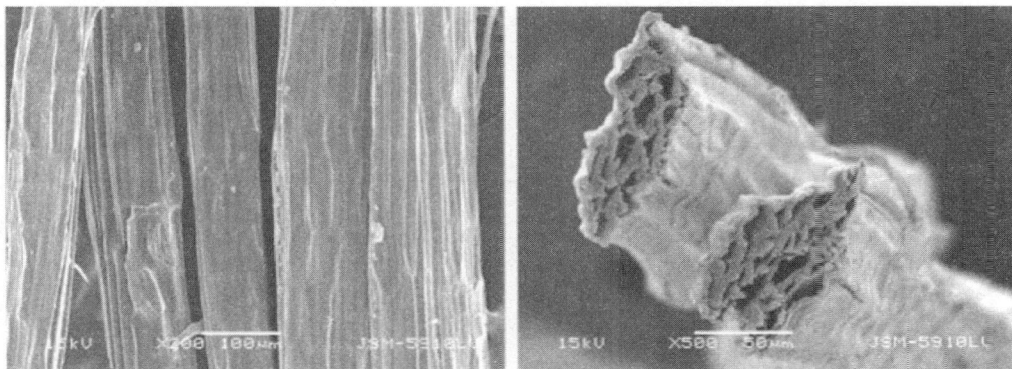

图 3.24 微波法碱处理的秋葵茎纤维的纵向和横截面 SEM 图

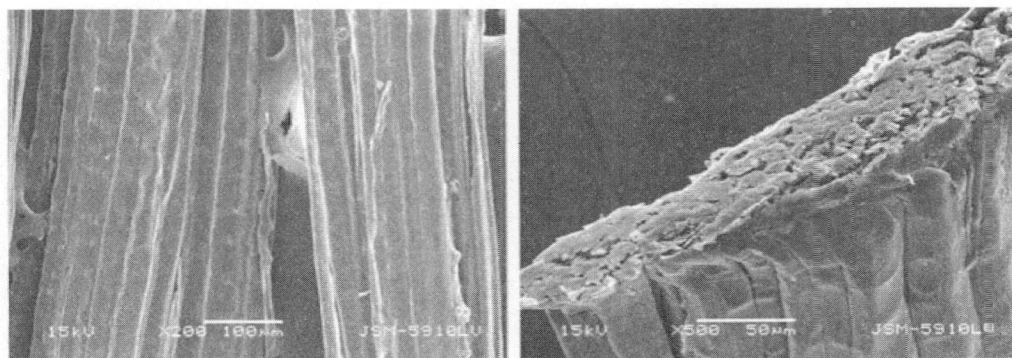

图 3.25 超声法碱处理的秋葵茎纤维的纵向和横截面 SEM 图

经过氢氧化钠碱处理的纤维表面的孔隙率比未经处理和用其他方法处理的纤维多。经过超声法氢氧化钠碱处理的纤维表面比未处理的纤维和使用其他方法处理的纤维的孔隙率更高、表面更粗糙。通过超声法处理可以去除纤维表面的半纤维素和木质素等物质。与未处理的纤维和使用其他方法处理的纤维形态相比较，超声法氢氧化钠碱处理纤维表面的羟基发生了碱化。结果表明，超声法可使纤维表面具有良好的粗糙度，从而达到清洁杂质的目的。

综上所述，表面处理方法可以去除秋葵茎纤维中的杂质，从而提高秋葵茎纤维的表面粗糙度。

3.5.5.5 常规法、微波法和超声法处理的能耗评价

采用常规法、微波法、超声法对秋葵茎纤维进行表面处理消耗能源的情况见

表3.6。表面处理能耗随处理时间的延长而提高。数据显示，微波法是三种方法中最节能环保的表面处理方法。

表 3.6　表面处理的能耗对比

方法	持续时间/min	仪器能耗/（W/saat)	测试能耗/（W/saat)
常规法	10	3000	500
	20	3000	1000
	30	3000	1500
	40	3000	2000
微波法	3	800	40
	5	800	66.66
	7	800	93.33
	10	800	133.33
超声法	5	660	55
	10	660	110
	15	660	165
	20	660	220

3.6　结论

表面处理方法可以去除秋葵茎纤维中的杂质，从而使秋葵茎纤维的纤维素含量、拉伸强度和伸长率均有所提高。通过微波法和超声法可获得较高的拉伸强度。表面碱处理还可以提升秋葵茎纤维的表面粗糙度，从而增强了复合材料制备过程中纤维与基体之间的结合性。经表面处理后，纤维结晶度指数增大。表面处理方法的不同对纤维的熔点影响很小。采用微波法和超声法处理的能量消耗较少。因此，通过微波法和超声法处理秋葵茎纤维，可以比常规法消耗更少的能量而实现更有效的表面处理效果。

参考文献

Alam M S,Khan G M A. Chemical analysis of okra bast fiber(Abelmoschus esculentus)and its physico-chemical properties[J]. Journal of textile and apparel technology and management, 2007,5(4):1-9.

Official Methods of Analysis [OL]. http://www.aoac.org/aoac_prod_ims/AOAC/Publications/Official_Methods_of_Analysis/AOAC_Member/Pubs/OMA/. 2016.

Official Methods of Analysis [OL]. AOAC_Official_Methods_of_Analysis. aspx? hkey = 5142c478-ab50-4856-8939-a7a491756f48. Accessed 13 May 2017.

Khan G M A, Haque M A, Alam M S. Studies on Okra Bast Fibre -Reinforced Phenol Formaldehyde Resin Composites[M]. Springer International Publishing, 2014, 157-174.

Khan G M A, Shaheruzzaman M, Rahman M H, et al. Surface modification of okra bast fiber and its physico-chemical characteristics[J]. Fibers and polymers, 2009, 10(1):65-70.

Bledzki A K, Gassan J. Composites reinforced with cellulose based fibres[J]. 1999, 24(2):221-274.

Rosa I M D, Kenny J M, Maniruzzaman M, et al. Effect of chemical treatments on the mechanical and thermal behaviour of okra(Abelmoschus esculentus) fibres[J]. Composites ence& Technology, 2011, 71(2):246-254.

Rosa I M D, Kenny J M, Puglia D, et al. Morphological, thermal and mechanical characterization of okra(Abelmoschus esculentus) fibres as potential reinforcement in polymer composites[J]. Composites ence& Technology, 2010, 70(1):116-122.

Cellulose nanocrystals extracted from okra fibers in PVA nanocomposites[J]. Journal of Applied Polymer ence, 2013, 128(5):3220-3230.

Fortunati E, Puglia D, Monti M, et al. Okra(Abelmoschus esculentus) Fibre Based PLA Composites: Mechanical Behaviour and Biodegradation[J]. Journal of Polymers & the Environment, 2013, 21(3):726-737.

Martin F W. Okra, potential multiple - purpose crop for the temperate zones and tropics [J]. 1982, 36(3):340-345.

Gassan J, Bledzki A K. Alkali treatment of jute fibers: Relationship between structure and mechanical properties[J]. Journal of Applied Polymerence, 1999, 71(4):623-629.

Hajiha H, Sain M, Mei L H. Modification and characterization of hemp and sisal fibers[J]. Journal of Natural Fibers, 2014, 11(2):144-168.

Islam M S, Pickering K L. An empirical equation for predicting mechanical property of chemically treated natural fibre using a statistically designed experiment[J]. Fibers and Polymers,

2014,15(2):355-363.

Khan G,Alam M. Surface chemical treatments of jute fiber for high value composite uses. Research and Reviews:Journal of Material Sciences. 2013,1(2):39-44.

Kumar A,Kumar P,Nadendla R. A review on:Abelmoschus esculentus(okra)[J]. International Research Journal of Pharmaceutical and Applied Sciences,2013,3(4):129-132.

Li X,Tabil L G,Panigrahi S. Chemical treatments of natural fiber for use in natural fiber-reinforced composites:a review[J]. Journal of Polymers and the Environment,2007,15(1):25-33.

Moniruzzaman M,Maniruzzaman M,Gafur M A,et al. Lady′s finger fibres for possible use as a reinforcement in composite materials[J]. Journal of Biobased Materials and Bioenergy,2009,3(3):286-290.

Mwaikambo L Y,Ansell M P. Chemical modification of hemp,sisal,jute,and kapok fibers by alkalization[J]. Journal of applied polymer science,2002,84(12):2222-2234.

Onyedum O,Aduloju S C,Sheidu S O,et al. Comparative mechanical analysis of okra fiber and banana fiber composite used in manufacturing automotive car bumpers[J]. American Journal of Engineering,Technology and Society,2015,2(6):193-199.

Srinivasababu N. An overview of okra fibre reinforced polymer composites[C]//IOP conference series:materials science and engineering. IOP Publishing,2015,83(1):012003.

Srinivasababu N,Rao K M M,Kumar J S. Tensile properties characterization of okra woven fiber reinforced polyester composites [J]. International Journal of Engineering, 2009, 3 (4):403-412.

Van Soest P J,Wine R H. Determination of lignin and cellulose in acid-detergent fiber with permanganate[J]. Journal of the association of official analytical chemists,1968,51(4):780-785.

Konak S,Kartal A A,Kayahan E. Characterization,modification and use of biomass:okra fibers [J]. Bioinspired,Biomimetic and Nanobiomaterials,2016,5(3):85-95.